Lutz Barth

Von einem, der auszog, seine Falten zu lieben
Mit Humor und allen Sinnen älter werden

AF198356

LUTZ BARTH

VON EINEM, DER AUSZOG, SEINE FALTEN ZU LIEBEN

Mit Humor und allen Sinnen älter werden

SCM

Stiftung Christliche Medien

SCM Hänssler ist ein Imprint der SCM Verlagsgruppe,
die zur Stiftung Christliche Medien gehört, einer gemeinnützigen Stiftung,
die sich für die Förderung und Verbreitung christlicher Bücher,
Zeitschriften, Filme und Musik einsetzt.

2. Auflage 2024

© 2023 SCM Hänssler in der SCM Verlagsgruppe GmbH
Max-Eyth-Straße 41 · 71088 Holzgerlingen
Internet: www.scm-haenssler.de · E-Mail: info@scm-haenssler.de

Bibelverse sind, soweit nicht anders angegeben, folgender Ausgabe entnommen:
Neues Leben. Die Bibel, © der deutschen Ausgabe 2002, 2006, 2017
SCM R.Brockhaus in der SCM Verlagsgruppe GmbH, Holzgerlingen.
Weiter wurden verwendet:
Luther, revidierte Fassung 2017, © 2016 Deutsche Bibelgesellschaft, Stuttgart (LUT).
BasisBibel, © 2021 Deutsche Bibelgesellschaft, Stuttgart (BB).

Die Internetlinks wurden am 17.11.2022 auf ihre Aktualität geprüft.

Lektorat: Cordula Orth
Umschlaggestaltung: Sybille Koschera, Stuttgart
Satz: typoscript GmbH, Walddorfhäslach
Illustrationen: istockphoto
Autorenfoto: © Markus Weber, Frank Hecht
Druck und Bindung: GGP Media GmbH, Pößneck
Gedruckt in Deutschland
ISBN 978-3-7751-6195-4
Bestell-Nr. 396.195

Liebe Annette, über 40 Jahre sind wir bereits
gemeinsam unterwegs. Du machst mein Leben reich.
Es ist ein Privileg, mit dir alt werden zu dürfen.
Ohne Humor hätten wir es vielleicht nicht geschafft!

Beim Schreiben habe ich immer wieder an euch,
meine Kinder und Enkelkinder, gedacht.
In diesem Buch könnt ihr nachlesen,
was mich geformt hat und was mir wichtig ist.

Langjährige Freundschaften sind beim Älterwerden
kostbarer als Edelsteine. Ich freue mich darauf,
mit euch noch viel lachen und das Leben genießen zu dürfen.

Jetzt ist es eh zu spät, um jung zu sterben.
Jetzt müssen wir es durchziehen.[1]

»Als wenn man beim Lesen gemeinsam
mit Lutz Barth auf der Couch sitzt.

Wobei der Leser oder die Leserin das Getränk
und die Knabbersachen bestimmen darf.«

INHALT

MEHR ALS EINE GEBRAUCHSANWEISUNG

Bitte den Anfang unbedingt lesen – du hast auch schon für die ersten Zeilen bezahlt.

Ich hoffe, dass es dir nichts ausmacht, wenn ich dich duze, aber entweder sind wir schon beide in dem Alter, in dem es darauf nicht mehr ankommt, oder du bist jünger und dann kann ich es dir von mir aus anbieten. Leider ist ein Widerspruch nicht möglich und ich kann das Buch nicht automatisch auf SIE umstellen.

Frauen und Männer gleichwertig anzusprechen, das ist mir sehr wichtig. Eine leichte Lesbarkeit soll darunter aber nicht leiden – du sollst ja auch Spaß beim Lesen haben.

MIT HUMOR GEHT UND WIRD VIELES LEICHTER.

Mein Buch ist persönlich und offen geschrieben, denn ich lade dich dazu ein, dich selbst zu öffnen. Humor nimmt einem Problem oftmals die Schwere. Er verändert deinen Blickwinkel gegenüber anderen Menschen oder Situationen, die dir unveränderlich erscheinen. Mit Humor geht und wird vieles leichter. Wenn du im Zweifel bist, wie ich einen Satz gemeint habe, dann denke dir in aller Regel ein humorvolles Augenzwinkern.

Sei bitte nicht irritiert, wenn ich manchen Satz im Dialekt wiedergebe. Zum einen bin ich das, denn seit meiner Jugend imitiere ich Personen und Dialekte, und außerdem gehen Dialekt und Humor in manchen Situationen Hand in Hand. »So is dat.« Ich habe vor jedem Dialekt und den damit verbundenen Menschen Respekt. Meine Biografie lässt das schnell erkennen: zu jeweils 50 Prozent genetischer Sachse und Thüringer, im Rheinland aufgewachsen, in Hessen habe ich meine religionspädagogische Ausbildung erhalten und seit Jahrzehnten lebe ich in Baden. Freunde habe ich im Alemannischen und in Berlin. »Wat mir jefällt und ick immer anjeregt werde, wenn ick det höre.« (Es gefällt mir und es regt mich an und ich höre es gerne.) Alemannisch fällt allerdings bei mir raus, Schwyzerdütsch geht wieder. Wobei es meist nur die Klangfarbe ist, die ich imitiere. Ich habe Freude an sprachlichen Verwandlungen und höre gerne die unterschiedlichsten Dialekte.

Wer soll von meinem Buch profitieren? Alle, die noch Falten bekommen oder schon haben. Jüngere können die Angst vor dem Älterwerden verlieren und lernen, ihr Leben intensiver zu leben. Ältere möchte ich zu einem intensiveren Leben »verführen«. Der Humor, die Sinne und der Glaube spielen dabei eine entscheidende Rolle. Der Regenbogenschirm auf dem Buchdeckel symbolisiert für mich: Lebensfreude, Vielfalt des Lebens und mein Vertrauen in Gott.

Scheue dich nicht, Ideen oder Anregungen im Text anzustreichen oder deine Gedanken am Rand festzuhalten. So wird es zu einem persönlichen Wegbegleiter auf deiner Faltenreise.

Lebensqualität im Faltenalter

»Von einem, der auszog, seine Falten zu lieben.« Ja, ich gebe zu, ich bin nicht immer zufrieden mit meinem inneren und äußeren Zustand. Aber ich habe mich auf den Weg gemacht, herauszufinden, wie ich das ändern kann. Deshalb habe ich dieses Buch geschrieben.

Habe ich Veränderungen an mir vornehmen lassen? Ja, eine größere Ansammlung sogenannter Altersflecken an der rechten Hand habe ich wegmachen lassen. Wir wurden keine Freunde. Andere größere Verfleckungen im Gesicht könnten auch noch dem Laser zum Opfer fallen. Aber meine Falten bleiben und werden nicht gestrafft, denn die will ich laut meinem Buchtitel ja lieben lernen.

Mein Buch hat drei Schwerpunkte. Neben dem *Humor* sind es die *Sinne*. Seit über 20 Jahren konzipieren meine Frau und ich Projekte, damit die Geschichten der Bibel lebendig und erfahrbar werden. Mit dem Sinnenpark Ostergarten in der evangelischen Landeskirche in Baden[2] hat alles angefangen. Er war als einmaliges Ereignis gedacht und hat sich dann durch unsere Bücher und DVDs zur Bewegung entwickelt.

Menschen sind nicht nur mit Augen ausgestattet, aber leben oft so, als seien es die einzigen Sinnesorgane. Aber gerade, wenn wir älter werden, ist es wichtig, alle Sinne zu schärfen, weil altersbedingt einiges nachlässt. Wer rastet, der rostet gilt nicht nur für den Bereich der körperlichen Bewegung.

DAS ÄLTERWERDEN HAT VORZÜGE, DIE ICH NICHT MISSEN MÖCHTE.

Auch *mein Glaube* spielt eine wichtige Rolle. Mit ungefähr zwanzig wurde er zu meinem Lebensmittelpunkt, der alle Bereiche durchdringt. Ich möchte dich mitnehmen und dich daran teilhaben lassen, warum der Glaube an Jesus Christus mir auch in der neuen Lebensphase so viel Lebensqualität bietet. Auch hier lasse ich dich sehr nahe dabei sein.

Nur noch eines. Das Älterwerden hat Vorzüge, die ich nicht missen möchte, aber es bringt auch Anstrengungen mit sich, die ich manchmal gerne überspringen würde. Jedes Alter hat Vor- und Nachteile. Schon als Kind empfinden wir viele Grenzen als anstrengend. In der Phase des Sturms und Drangs gab es nicht nur Komfortzonen. Einen Partner zu finden, Kinder zu erziehen, einen Beruf auszuwählen und zu meistern – auch nicht einfach. Also, jedes Alter hat wat!

Der Karikaturist Mario Lars fasst es auf seine humorvolle Art so zusammen: »Da glaubt man, ein Leben lang jung geblieben zu sein, und dann lacht der Körper einen aus. Jeden Morgen! Aber das hat auch seine guten Seiten.«

Und diese positiven Aspekte möchte ich mit dir erforschen oder rauskitzeln.

Herzlich willkommen in einer spannenden Lebenszeit.

Humor – die Allzweckwaffe

»Wahrscheinlich ist der Humor die wichtigste Eigenheit des menschlichen Verstandes.« Dieser Satz wird dem Kreativitätsforscher und Unternehmensberater Edward de Bono zugeschrieben.

Ein erfülltes Leben hat sehr viel mit Humor zu tun. Humor ist wie das Salz in der Suppe oder auf dem Laugenweck. Humor fleißig in Politik, Wirtschaft, Kirche und Vereinen bis in die Familien genutzt, würde zu einer Revolution führen. Viele Sitzungen, Gespräche und Treffen könnten wesentlich entspannter sein. Unser Miteinander würde menschlicher.

Vor allem Menschen im Ruhestand haben Zeit, wenn sie nicht gerade beim Ärztehopping sind oder in endlosen Warteschleifen versuchen, einen Termin für den Event bei Frau Doktor zu erhalten. Solltest du nach einer langen Wartezeit tatsächlich jemand an die

Strippe bekommen, dann entwaffne deinen Verdruss selbst mit dem Spruch: »Sie sind ja schwerer zu erreichen als der Bundeskanzler.«

Probier's mal mit Humor: Bewegung ist wichtig und besonders wohltuend im Wald. Wenn du also gerade deine Knochen ausführst, tun andere das mit ihren Hunden. Viele Hundebesitzer, die dir begegnen, tasten ab, ob der Entgegenkommende Angst vor Hunden hat. Ich löse die Anspannung manchmal mit dem Satz:

»Sie müssen keine Angst um Ihren Hund haben, heute beiße ich nicht, meine Zähne liegen beim Zahntechniker!«

Oder: »Heute bin ich friedlich und habe noch keinen gebissen.« Sofort entspannt sich Herrchen oder Frauchen und das Hundchen auch.

In der Ehe funktioniert es auch selbst bei Paaren mit über vierzigjähriger Erfahrung. Meine Frau und ich kennen uns damit aus. Wir streiten selten laut. Wir sind eher von der schmollenden Sorte, bei der sich jeder zurückzieht. Aufeinander zuzugehen, fällt umso schwerer, je länger die »Du-musst-den-ersten-Schritt-tun-Phase« dauert. Der Stolz, die Verletzung oder was auch immer verhindert den ersten Schritt. Wir greifen dann ab und zu mal zu einem weißen Friedensfähnchen, das wir für solche Gelegenheiten gebastelt haben – Papiertaschentücher gehen natürlich auch –, weiße Bettlaken sind den besonders schwerwiegenden Fällen vorbehalten. Wir müssen dann schmunzeln, das Eis ist gebrochen und wir können uns leichter wieder aufraffen, miteinander zu reden.

»WAHRSCHEINLICH IST DER HUMOR DIE WICHTIGSTE EIGENHEIT DES MENSCHLICHEN VERSTANDES.«
Edward de Bono

Wenn sich jemand mit dem Alter auseinandersetzt, wird er irgendwann einmal auf Bücher mit Witzen über Rentner stoßen.

Ein richtig gutes habe ich nicht gefunden. Viele sind mir zu sarkastisch. Aber mein junger Orthopäde hatte einen guten Spruch für »Schonlängerjunggebliebene«. Bei einem meiner regelmäßigen Besuche, wo ich mir Zeit für den jungen Arzt nehme, meinte er: »Wer sich gut an die Feuerzangenbowle von Heinz Rühmann erinnern kann, der stammt aus der Generation, in der die Gummistiefel noch aus Holz waren.«

Apropos Einschränkungen der Gehgestelle. Nach den Hüft-OPs hat es gedauert, bis meine Frau mit ihren wertvollen Metalleinlagen wieder ohne zu humpeln gehen konnte. Wenn sie wieder einmal im Gangbild wackelte, brauchte ich nur »quack, quack« sagen, und schon ging sie ohne zu wackeln weiter.

Egal, ob in der Familie, im Verein, unterwegs oder im Betrieb – diese Wellenbrecher dürfen verabredet eingesetzt werden. Das fällt nicht auf und die gewünschte Veränderung kommt leichter daher.

Mit meinen Organen und Körperteilen rede ich auch ab und zu:

Macht die Hüfte wieder Mucken: »Komm jetzt, weiter, ich habe jetzt keinen Bock auf Schmerzen.« Mit meiner Blase: »Musst du schon wieder? Du warst doch gerade erst!«

Wenn mein Hirn wieder was vergessen hat und ich mich erneut auf den Weg machen muss, dann lob ich es: »Danke, Hirn, das gibt wieder Punkte auf dem Fitnesstracker.«

Viele Dinge werden viel zu ernst genommen und sind gegenüber anderem doch nur Peanuts – Kleinigkeiten, Nichtigkeiten. Das wissen viele Ältere, weil sie schon schwerwiegende Erfahrungen gesammelt haben und vergleichen können. Mit Humor kann man diese scheinbare Ernsthaftigkeit entlarven.

Meine Frau hat sich etwas angewöhnt: Wenn sie mich ruft und ich auf meinen Vornamen nicht reagiere, versucht sie es mit »Herr Barth«, und komisch – das höre ich immer. Wir haben noch nicht

herausgefunden, woran das liegt. Ich höre ja nicht bewusst weg!?
Auf meine Ohren kann ich mich (noch) verlassen.

Welcher Opa oder welche Oma kennt das nicht: Kinder zum Essen zu bewegen. Mit Humor versuchen wir einen unserer Enkel, der die Barth'sche Schlecht-Esser-Gewohnheit in der vierten Generation fortführt, zur Aufnahme von Nahrung zu bewegen. Da ist der Löffel das Flugzeug oder der T-Rex, der angeflogen kommt und landen will. Einmal bin ich allerdings gescheitert, da hatte ich eine kleine Gabel und statt im Mund landete sie an der Lippe – mit dem Essen war es dann erst einmal vorbei. Aber dass ich dann mit der Gabel geschimpft habe, fand mein Enkel so gut, dass er schnell wieder gelacht hat.

In solchen Situationen stelle ich mir vor, wie Gott uns freundlich anschaut und mitlacht. Für mich ist er kein ernster Gott, sondern einer, der Humor hat. Er freut sich, wenn wir ihm vertrauen und Schwierigkeiten auch mal mit einem Augenzwinkern nehmen. Ich bin so kühn zu behaupten, dass ihm eine lockere Handhabung, die Schwierigkeiten löst und Lösungen schafft, richtig gut gefällt.

Falten lieben – Altersflecken nicht?

Falten sind für mich Stellvertreter. Sie stehen symbolisch für alle Alterserscheinungen und auch Unannehmlichkeiten, die das Älterwerden mit sich bringt.

Wie steht es um die körperlichen Veränderungen beim Älterwerden. Muss ich die alle lieben – uneingeschränkt, so wie sie sind?

Oder wie gehe ich mit den Möglichkeiten um, Haare zu färben, Flecken zu lasern und mit chirurgischen Eingriffen optische Veränderungen herbeizuführen?

Das Schreiben dieses Buches habe ich als meine Herausforderung gesehen, mit dem, was unabwendbar auf mich zukommt, besser umgehen zu können. Die Haut wird schlaffer, die Haare werden grauer, aufgrund der Veränderung im Muskelgewebe werde ich langsamer und einfache Bewegungen werden mühsamer, wie das Bücken.

FALTEN SIND FÜR MICH ALL DIE VERÄNDERUNGEN, DIE ICH FREIWILLIG NICHT IN MEIN LEBEN EINLADEN WÜRDE.

Ganz heftig können Krankheiten belasten. Schmerzende Gelenke versuche ich mit Tabletten im Griff zu behalten. Ganz zu schweigen, dass ich öfter was vergesse.

Eins ist mir klar geworden: Ohne ein grundsätzliches JA zu den Veränderungen werde ich unglücklich. Und ich werde die positiven Seiten des Älterwerdens übersehen.

Aber nun zu meinen Falten – mit denen habe ich keine wirklichen Probleme, aber manche Altersflecken finde ich störend. Weiter oben habe ich es schon angedeutet. Ich habe mir an einer Stelle der Hand eine kleine Sippschaft weglasern lassen. Ständig sah ich beim Schreiben auf diese dunkle Vereinigung. Nun gibt es bei mir im Gesicht große »Ableger« – mir scheint, was ich früher als Kind an Sommersprossen hatte, kommt als Altersflecken wieder. Es wäre keine große Sache, auch diese weglasern zu lassen, aber da ringe ich noch mit mir.

Irgendwie hält mich auch die unausgesprochene Meinung zurück: »Wenn der sich die Flecken wegmachen lässt, dann steht er nicht zu sich.« Aber meine Fingernägel, den Bart und die Haare pflege ich ja auch, warum dann mit Flecken rumlaufen, die man ohne große Schwierigkeiten entfernen kann? Du siehst, dieses Thema ist für mich noch offen.

Leichter fällt mir die Entscheidung, ob ich den Andrang grauer Haare stoppen soll oder nicht – die lasse ich, wie sie sind.

Mehr zu schaffen macht mir das Bäuchlein, trotz einiger Bemühungen will es nicht schrumpfen. Es ist natürlich nicht nur eine Frage der Ästhetik, sondern auch der Gesundheit. Ganz zu schweigen, dass die Hose kneift und die Gourmetkugel mich behindert, wenn ich die Schuhe zuschnüre.

Ich komme nicht drumherum: Ich muss die negativen Veränderungen lieben lernen. Wenn ich sie hasse, dann werde ich unweigerlich nur auf das Negative schauen. Und ganz schwierig wird es, wenn ich mich mit Jüngeren vergleiche.

Vergleiche machen unglücklich. Es gibt immer schönere und andere, die mehr haben oder denen es scheinbar besser geht. Ich habe auch eine Erklärung dafür, warum du und ich Gleichaltrige für die »Faltengeschichte« brauchen.

OHNE EIN GRUNDSÄTZLICHES JA ZU DEN VERÄNDERUNGEN WERDE ICH UNGLÜCKLICH.

Damit wir gemeinsam darüber Witze und ironische Kommentare machen können, damit es erträglicher wird. Du nickst zustimmend? Dann kennst du die typischen »Faltenbegegnungen«.

Meine erste Lektorin hat ein sehr schönes Bild dafür gebraucht, wie sie mein Buch empfunden hat, und brachte es für mich auf den Punkt: »Als Leser oder Leserin sitzt man mit Ihnen auf der Couch.« Ja, so wünsche ich es mir. Meine Reise mit den Falten erzähle ich dir so, als wenn wir zusammensitzen würden. Das Getränk und die Knabbersachen kannst du auswählen.

ICH WERDE ÄLTER UND DAS IST GUT SO

Wie würde die Alternative aussehen? Unterirdisch! Wer älter werden darf, ist im Vorteil, denn er darf noch leben. Natürlich möchte jeder möglichst bis zum Ende jung, schön und gesund sein. Nur, wie würde dann unser Abgang aussehen? Fällt es nicht leichter, ihn zu akzeptieren, wenn jemand sichtbar lange gelebt hat? Manchmal denke ich, ob mir manche Beschwerden nicht auch den Abschied erleichtern. Interessant fände ich auch, dem Gedanken nachzugehen, was es bedeuten würde, äußerlich und innerlich nicht zu altern.

Aber wir beide haben noch interessante Seiten vor uns und schließlich geht es hier um ein Leben, das auch beim Älterwerden noch überraschend viel zu bieten hat.

In dem Buch »Altern wie ein Gentleman« habe ich den Satz gelesen: »Die höchste Form der Weisheit ist der Friede mit dem eigenen Alter.«[3] Da ist viel dran. Was uns zu der Frage leitet:

Wann ist man alt?

So lautete auch eine Sendung im Radio, die ich eine Zeit lang mitverfolgt habe. Die Antwort eines Anrufers auf diese Frage fand ich recht lustig: »Wenn ich nicht mehr Headbangen kann!« Also dann, wenn ich nicht mehr den Kopf munter zum Takt der Musik durch die Luft werfen kann. Also, wenn ich nicht mehr das tun kann, was ich als junger Mensch konnte, bin ich alt. Das Wort »alt« ist ein Schreckgespenst. Nur weil die Alternative der Tod ist, nimmt man es halt noch in Kauf, dass man dann eben alt ist.

Meine Mutter antwortete einem Arzt auf die Frage, wie alt sie sei: »Ich werde in 13 Jahren hundert!« Wobei es aufgrund ihrer genetischen Veranlagung und ihres Lebensstils durchaus realistisch ist, dass sie dieses hohe Alter erreichen wird. Ein Grund, ein Buch über das Alter zu schreiben, war, dass ich mich an einigen Stellen mit den sogenannten Falten schwertat. Hast du gemerkt, dass ich mit »schwertat« schon von der Vergangenheit rede? In der Tat hat mein Schreckgespenst etwas von seiner Größe verloren, seit ich mich intensiv mit dem Thema beschäftige. Nun musst du wissen, dass ich als junger Mensch darunter gelitten habe, immer für jünger gehalten zu werden. Das liegt bei uns Barths in den Genen, es ging meiner Mutter so und auch meinen Töchtern. Später empfand ich es als angenehm, weil ich nie auf mein wirkliches Alter geschätzt wurde – jedenfalls bis zu dem Zeitpunkt, an dem ich dieses Buch herausgab.

Das Alter ist relativ. Das Älterwerden kann sehr früh anfangen, je nach Sichtweise und Alter des Gegenübers. Vor vielen Jahren erzählte unsere Babysitterin, die damals vierzehn Jahre alt war, meiner Frau, dass sie in der Jungschar mit einer alten Frau zusammenarbeiten würde. »Ja, wie alt ist sie denn?«, fragte meine Frau. »Dreißig!«, kam es wie aus der Pistole geschossen. Meine Frau war gerade dreißig geworden – kannst du dir vorstellen, wie alt sie sich in diesem Moment fühlte? Dieses junge Mädchen feierte später jahrelang immer ihren 29. Geburtstag. Mittlerweile gibt es sogar Karten: Schon wieder 29 – herzlichen Glückwunsch!

Alt klingt oft nach Ende und keine Freude mehr haben, aber so ist es Gott sei Dank meistens nicht. Ich habe die Erfahrung gemacht, dass ich mit vielen Jahren Erfahrung auf dem Buckel

DAS ALTER IST RELATIV. realistischer lebe. Außerdem weiß ich, dass es nicht die großen Highlights sind, sondern die kleinen Dinge und Erlebnisse, die das Leben schön und lebenswert machen. Und wenn man aufgrund seiner langjährigen Erfahrung eine Lösung für ein Problem gefunden hat, ist das ebenso ein enormer Glücksfaktor.

Ein Beispiel hierzu. Du kennst wahrscheinlich Vorschläge wie: Wir sollten uns einmal in der Woche für eine halbe Stunde treffen. Meine Erfahrung ist die, dass dies nur so lange funktioniert, solange die Zeit auch tatsächlich eingehalten wird. Aber oft wird es länger und anfangs ist das auch geduldet, aber dann brechen diese Treffen irgendwann ab. Wird jedoch von Anfang an grundsätzlich auf die Zeit geachtet, funktionieren solche Treffen oder Telefonate auf lange Sicht. Solche Erkenntnisse helfen.

Wann ist man also alt? Muss man diese Frage überhaupt stellen? Welche Antwort kann ich darauf erwarten?

Alt ist man erst mit 75. So wurde es von der Weltgesundheitsorganisation (WHO) 1980 festgelegt. Mit 90 ist man hochbetagt und ab 100 gilt man als Langlebiger. Die Gruppe der 60- bis 74-Jährigen sind die älteren Menschen.[4] Wobei ich bei der Einteilung auch andere Zahlen gelesen habe.

Das Alter richtet sich nach dem Abbauprozess, der mit dem Tod endet. Diese Aussage fand ich bei Gesundheit mal vier.[5]

Jetzt ist die Frage geklärt, oder? Ich glaube, vieles hängt an der unausgesprochenen Frage: »Ist mein Abbauprozess schon so weit, dass ich dem Tod näher bin?«

Wenn der Humor zielgerichtet angewendet werden sollte, dann doch auf die Frage, wie ich jetzt mit allen Einschränkungen und

Falten gut leben kann. Wie kann es funktionieren, fröhlicher, leichter und trotzdem realistischer zu leben? Was geht und was kann ich ausbauen, wie kann ich intensiv leben?

Als meine Frau kurz vor ihren Hüft-OPs stand und ich sie Hinkebeinchen nannte, waren manche irritiert. Aber ich benutzte diesen nett gemeinten Kosenamen zur Verniedlichung und um die Schwere aufzuheben. Das wusste sie und hörte es hinter meinen Worten. Schmerzen machen mürbe, aber sie sind besser zu ertragen, wenn man ihnen nicht auch noch einen großen Stellenwert einräumt. Zwischendurch werden sie mit Humor einfach entmachtet – so!

Wie wäre es an dieser Stelle mit zwei Witzen zur Auflockerung?

»Wie bringt man eine Frauenrunde zum Schweigen? Indem man sagt: Die Älteste beginnt!«

»Die Schmerzen im linken Bein sind altersbedingt«, sagt der Arzt zum Patienten. »Das kann nicht sein! Mein rechtes Bein ist genauso alt und tut nicht weh!«

Jetzt erst einmal eine gute Nachricht, die mich sehr überrascht hat: Menschen nach dem 65. Lebensjahr sind besonders glücklich.

Die Statistik macht Mut – unglaubliche Erkenntnisse

Nun könntest du glauben, dass ich Statistik liebe. Nein, trockene Statistik ist nicht mein Fall. Aber manchmal, wenn sie nah am Leben ist, dann finde ich sie hilfreich. Sie kann dann objektiv den Überblick geben, weil meine Wahrnehmung meist punktuell und nicht für eine Verallgemeinerung taugt. Wenn die Ergebnisse der Statistik sich mit meinen eigenen Erfahrungen decken, dann umso besser. Hier können die Menschen mit vielen Jahresringen natürlich mehr abschöpfen.

So, und jetzt zu den interessanten Statistiken, die uns in Bezug auf das Älterwerden Ängste nehmen können, Hinweise für einen guten Umgang mit den Veränderungen geben oder uns einfach staunen lassen. Ich beziehe mich hier weitgehend auf das Buch »Die bessere Hälfte« von Dr. Eckart von Hirschhausen und Prof. Dr. Tobias Esch. Auf vergleichbare Studien bin ich auch bei anderen Autoren gestoßen.

Ob wir Menschen uns wohlfühlen, hängt der britischen Million Women Study zufolge offensichtlich mehr von dem inneren Wohlempfinden ab als von äußeren Faktoren. Hirschhausen und Esch entnehmen der Studie, dass Frauen ab sechzig zufriedener werden. Eine echte Sensation nennen sie es, dass viele Menschen der Jugend nicht nachtrauern. Die stillen, zufriedenen Alten fallen nicht auf, sie sind weniger krank und sind auch für die Wirtschaft keine lukrative Gruppe, weil man ihnen nichts Unnützes verkaufen kann. Die deutsche Langzeitstudie Sozio-ökonomisches Panel (SOEP) belegt ebenfalls, dass nach der Lebensmitte ein Anstieg der Zufriedenheit erfolgt.[6]

»DIE GLEICHUNG ›UNZUFRIEDEN = UNGESUND = FRÜHER TOT‹ ODER ›ZUFRIEDEN = GESUND = LANGES LEBEN‹ FUNKTIONIERT SO NICHT.«
Prof. Dr. Tobias Esch

In seiner Studie Experiences of Salience and Happiness mit 3 000 Teilnehmern kommt der Glücksforscher Tobias Esch zu dem Ergebnis, dass Männer etwa ab dem 60. Lebensjahr Frauen in der Zufriedenheit überholen. Außerdem stellt er fest: »Die Gleichung ›unzufrieden = ungesund = früher tot‹ oder ›zufrieden = gesund = langes Leben‹ funktioniert so nicht.«[7]

Ich weiß – das Leben kann sich durch einen Unfall oder eine Krankheit sehr schnell ändern. Und wenn die finanziellen Umstände sehr miserabel sind, fällt da manches auch aus der Spur. Trotzdem möchte ich eine Tür öffnen, die mir und dir und anderen sicherlich Mut machen kann.

Aus den Medien erhalten wir kein realistisches Bild über die Älteren. Sie werden eher als Problemfall geschildert, weil sie zu lange leben, im Pflegeheim hohe Kosten anfallen, sie die Krankenkassen belasten, ältere Arbeitnehmer häufiger krank sind und so weiter. Die große Mehrheit der glücklichen und zufriedenen Älteren fällt nicht auf. Wie viele fitte Senioren stützen ehrenamtliche Tätigkeiten? Opas und Omas, die die jungen Familien stützen und sich einbringen in die Versorgung der Kleinen? Mittlerweile schätzen es immer mehr Firmen, wenn sie eine gute Mischung von jungen und älteren Mitarbeitenden haben. Das Wissen und die Erfahrung gepaart mit Energie und dem Durst der Jungen nach Neuem gibt gute Früchte.

Eine Überraschung für mich war, dass der geringste Anteil der älteren Bevölkerung in Heimen lebt. Die allermeisten leben in ihren eigenen vier Wänden. Die Medien bilden immer nur einen Teil der Realität ab. Schlechte Nachrichten sind gute Nachrichten – weil sie mehr Aufmerksamkeit und somit mehr Geld bringen.

Wer mit negativem Stress gut zurechtkommt, der gewinnt Jahre dazu. Die eigenen Umstände zu akzeptieren, setzt Energie frei. So auch beim Altern mitsamt seinen Begleitumständen. Trotz zahlreicher gesundheitlicher Baustellen, die mich hin und wieder nerven, Schmerzen verursachen und viele Termine bei Ärzten mit sich bringen, bin ich nicht unglücklich. Die Einschränkungen können zwar immer wieder mal mürbe machen, aber die Grundeinstellung ist trotzdem positiv, was mich echt verwundert hat. Aber das ist schön! Wenn ich das als junger Mensch erlebt hätte, wäre ich schlechter damit klargekommen, da bin ich mir sicher.

Mit den Jahren ist mein Leben auf eine gewisse Art freier und leichter geworden. Ich freue mich, dass ich keine großen beruflichen Prüfungen mehr vor mir habe. Einsparungen und große Umstrukturierungen in meiner Kirche bekomme ich nicht mehr voll mit. Und eine gewisse Narrenfreiheit genieße ich fast täglich. Zuerst hat es mich gestört und verstört, dass das Bücken, Laufen und andere Bewegungen nicht mehr so schnell funktionieren. Mittlerweile habe ich es nicht nur akzeptiert, sondern fange an, es zu genießen. Pausen, noch vor Jahren irgendwie unnötig, sind jetzt kleine Oasen im Alltag. Wenn ich mich nicht dazu verleiten lasse, währenddessen sofort ins Smartphone zu schauen, schweift der Blick durch meine Umgebung und ich finde immer etwas, worüber ich lächeln, mich wundern oder mich freuen kann.

Wie wertvoll ein lebendiger Glaube, eine lebendige Beziehung zu Jesus Christus ist, wird mir jetzt im Alter auf neue Weise deutlich. Schwierige Situationen habe ich in den vergangenen Jahren mit ihm meistern können. Sowie einige notfallmäßige Krankenhausaufenthalte, stundenlang alleine in einem der vielen kleinen Untersuchungsräume, ohne einen mir vertrauten Menschen. Doch ich konnte beten und wusste, ich bin nicht allein und der, der bei mir ist, der kann ALLES. Dem kann ich die Ärzte, mich und meine Lieben zu Hause anvertrauen.

Die Lebens- und Glaubenserfahrungen werden zu einer Quelle für Zufriedenheit, Stärke und innerer Gelassenheit. Älterwerden zu dürfen, ist ein Geschenk. So empfinde ich es.

Okay, ich gebe es zu, der nächste Abschnitt ist schon sehr steil formuliert, aber schließlich will ich dich animieren, weiterzulesen.

Lebenserfahrungen – das Superfood

Superfoods, so verstehe ich es, sind Lebensmittel, die es in sich haben und sich aus der Masse herausheben. Eigentlich ist Superfood ein Marketingbegriff. Diese Lebensmittel sollen besonders gesund sein. Lebenserfahrungen sind für mich mit Superfoods vergleichbar. Doch, worin genau liegen ihre Stärken?

Fehler passieren und sind kein Weltuntergang und auch nicht ungewöhnlich, sie gehören zum Leben dazu. Aus ihnen kann ich viel lernen, das bringt mich voran. Auf diese Weise entstanden zum Beispiel unsere Glühbirnen und sonstige Errungenschaften. Es gibt eine ganze Reihe von Fehlern, die ich so nicht mehr machen werde. Dass da neue hinzukommen »isch klar«.

Aber ich freue mich daran, manche Zusammenhänge jetzt besser zu durchschauen. Lebenserfahrung stelle ich mir wie ein riesiges Netz vor, das miteinander fest verwoben ist. Je dichter das Netz verknüpft ist, desto mehr Parallelen kann ich erkennen und draus lernen. Wenn ich vergleichbare Erfahrungen erlebe, dann fällt es mir leichter, eine neue Situation einzuordnen. Dadurch bin ich weniger unter Stress und kann relaxter sein. Denn ich habe erlebt, dass alles einmal vorbeigeht, oder dass ich das neue Problem auch durchstehen, überleben oder einfach damit zurechtkommen werde. Und weil ich leichter damit umgehe, habe ich mehr Energie. Ich bleibe lockerer und auch meine Lebensqualität wird dadurch gestärkt. Das wirkt sich bestimmt positiv auf das Immunsystem aus.

Ein Pfarrer sagte mir in jungen Jahren einmal folgenden Satz: »Habe keine Angst vor großen Tieren!« Das wurde ein Begleitsatz, der immer wieder auftauchte und mir Mut gab. Mit einigen Ministerpräsidenten kam ich in Kontakt, stand mehrfach vor der Kamera und vor allem die Auftritte in den Talkshows »Einspruch« und »Nachtcafé« hatten es in sich. Die großen Tiere waren die Kameras und die breite Öffentlichkeit. In beiden Sendungen ging es um meine Position als Christ zur Ehe. Da hatte ich, wie das immer so ist, natürlich Kontrahentinnen und Kontrahenten. Bei »Einspruch« in Berlin hatte ich einen Staranwalt – ein »großes Tier« aus München – gegen mich, der versuchte mich lächerlich zu machen. Nach der Sendung machte ich eine meiner überraschendsten Erfahrungen ausgerechnet mit diesem »großen Tier«. Nach der Sendung, als alle noch zusammensaßen, kam der gute Mann angetrunken auf mich zu und sagte mir traurig den folgenschweren Satz: »Sie haben Hoffnung – ich habe keine!« Derselbe Mann, der mich wegen meines Glaubens vor Millionen von Menschen süffisant anging, legte vor mir dieses offene Bekenntnis ab. Leider war ich so perplex, dass ich nicht drauf reagierte, vielleicht ist er auch gleich weitergegangen, das ist schon zu lange her. Heute würde ich mich noch mal bei ihm melden. Damals fehlte mir die Erfahrung. Aber eines hat mich diese Begegnung gelehrt: Ich darf mich nicht irritieren lassen. Selbstsicher auftretende Männer und Frauen sehe ich jetzt mit anderen Augen.

LEBENSERFAHRUNG SCHENKT EINE TIEF SITZENDE GELASSENHEIT, DIE SICHERHEIT, KRAFT UND MUT GIBT.

Jeder hat seine Fehler und Schwächen und in den Menschen kann es ganz anders aussehen, als sie nach außen darstellen.

Diese Lebenserfahrung ist mir so kostbar, dass ich sie gegen nichts eintauschen will, auch nicht für die Jugend. Diese Auffassung teile ich mit vielen Freunden. Dann muss wohl viel für dieses Superfood sprechen.

Wenn ich so darüber nachdenke, dann schenkt die Lebenserfahrung eine ganz tief sitzende Gelassenheit, die Sicherheit, Kraft und Mut gibt. Das sind Kostbarkeiten ersten Ranges, die vor allem das Alter mit sich bringt.

Dagegen sind die Möglichkeiten, an den Äußerlichkeiten zu schrauben, ein Geringes, aber trotzdem nicht unwesentlich.

Überlassen wir die Attraktivität nicht nur den Jungen

Dass ich eine gewisse Eitelkeit besitze, ist bis jetzt durchgedrungen. Ich stehe dazu.

Hast du schon einmal beobachtet, wenn Erwachsene etwas Witziges oder Unerwartetes machen? Weil sie zum Beispiel zur Straßenmusik tanzen. Oder auf einer Geburtstagsparty eine andere Person imitieren? Und dann stehen Jugendliche daneben und finden das absolut peinlich und schämen sich dafür. Worauf ist das zurückzuführen?

Der Unterschied zwischen den Älteren und den Jungen ist: Die Jungen müssen erst zu jemandem werden, müssen wissen, was sie können und was nicht. Ihre Identität, ihr Selbstbewusstsein ist noch nicht stabil, denn es baut sich erst auf, das setzt ihnen auch engere Grenzen.

Die Älteren kennen sich, sie wissen, was geht, und weil sie in sich ruhen, können sie auch aus sich herausgehen.

Aber es gibt auch den umgekehrten Weg: Weil ich nicht mehr viel erwarte, weil ich mich an vieles gewöhnt habe oder weil ich mich nicht mehr attraktiv finde, vernachlässige ich mich. Wenn ein Paar schon lange zusammen ist, kann sich Gewöhnung einschleichen. Der Alltag mit seiner Beanspruchung überdeckt dann das, was man am Anfang am anderen so attraktiv fand. Machen wir uns doch alle hübsch für den Ex-Verlobten oder die Ex-Freundin. Was hat unsere Partnerin oder unser Partner am Anfang an uns geschätzt?

Nie werde ich eine alte Dame im Altersheim vergessen, die ich in einer meiner ersten Praktika im Studium kennenlernte. Diese alte Dame war 99 Jahre alt. Weißes Haar, gut frisiert. Ihre Kleidung war von einer schlichten Eleganz. Sehr adrett. Ihr Wesen strahlte eine Ruhe und Aufgeräumtheit aus. Innen und außen passte. Sie strahlte etwas aus, was anderen guttat und sogar einem damals Mitte Zwanzigjährigen imponierte. Eine schöne alte Frau.

Noch ein anderes Beispiel. Auf dem Weg zu einem Termin fuhr ich an einer alten Dame vorbei, die mit ihrem kleinen behindertengerechten Elektromobil auf der Straße dahinzuckelte. Sie trug einen Strohhut mit eingebundenen Blumen und wirkte dabei so frisch, jugendlich und lebensfroh. Noch heute, wenn ich an sie denke, muss ich lächeln und freue mich an dem Bild, das in mir und auf meinem Handy gespeichert ist. Denn ich hielt an und bat sie, ob ich sie fotografieren dürfe. Solche Begegnungen zeigen mir, dass ich viel mehr Ausschau halten will, wo ich Menschen erleben kann, die trotz ihres Alters und mancher Einschränkung lebensfroh und würdig leben. Denn das macht Mut und weckt Lebensfreude.

Zeit-Abschnitts-Mode-Berater

Unser Haushalt bestand zeitweise, bis andere Männer im Leben unserer Töchter einzogen, aus drei Frauen und mir als Mann. So kam es des Öfteren vor, dass ich beim Kauf von Kleidung viel Zeit in Umkleidebereichen zubrachte. Als Berater meiner drei Frauen hatte ich so einiges an Anerkennung erhalten. Offensichtlich habe ich ein Gespür für das, was passt oder nicht passt. Schließlich habe ich mich viele Jahre als Florist und auf der Fachoberschule für Gestaltung mit dem Thema Farben und Formen beschäftigt, aber ein bisschen Naturtalent ist sicherlich auch dabei. Also habe ich, während meine Frauen sich um- und anzogen, andere Frauen beraten. Meist in Form von unterstützenden Kommentaren. Sie hatten vorher mitbekommen, wie ich meinen Mädels hilfreiche Tipps gab, und waren nun an einer ähnlichen Beratung bezüglich ihres Outfits interessiert. Hin und wieder habe ich die Luft angehalten, weil ich auf keinen Fall negative Äußerungen machen wollte. Umgekehrt habe ich festgestellt: »Mensch, Kleidung kann einen Menschen ganz schön positiv verändern!

Ich liebe es, Menschen zu beobachten. Wie vielfältig hat Gott uns doch alle gemacht. Er hat sich so viel Mühe gegeben. Deshalb wünscht er sich, dass wir unsere »Begabungsgeschenke« auspacken. Zur Freude für die Menschen und zu seinem Lob.

KLEIDUNG KANN EINEN MENSCHEN GANZ SCHÖN POSITIV VERÄNDERN!

Frauen haben meiner Meinung nach ganz besondere Möglichkeiten, ihren Körper so zu kleiden, dass er positiv in Erscheinung tritt. Man denke nur an lange Kleider, eine größere Auswahl an Stoffen, Farben und Mustern, eine breitere Palette von Schuhen. Und nicht zuletzt können sie viel mehr mit den Haaren verändern. Dabei ist die Figur der Frau fast egal.

Als junger Florist arbeitete ich eine kurze Zeit in Köln. Eines Tages betrat eine junge Frau zwischen Mitte und Ende dreißig das Geschäft und bis heute steht dieser erste Eindruck eingraviert in meinem Gedächtnis: Lange blonde Haare bis weit über das Gesäß

hinaus, eingehüllt in ein blaues, weit wallendes, leichtes Sommer-
kleid, das bis auf den Boden reichte, darunter Flipflops. Mindestens
120 kg bei einer Größe von höchstens ein Meter sechzig, aber es
war alles stimmig. Dass sie in heutigem Wert für über 3 000 Euro
ganze Vasen voller Blumen kaufte, riesige Topfpflanzen noch dazu,
und wir alles ins Rotlichtmilieu liefern mussten, wäre ein Extra-
thema.

Unser Leben ist schon spannend und wenn wir zurückblicken,
dann hat die Mode doch viel über unseren Lebensstil ausgesagt
und noch heute überraschende Einblicke zu bieten.

Interessante Beobachtungen nicht nur beim Fotoshooting – Kleidung & Co.

Kleider machen Leute, oder Kleidung macht etwas mit den Leuten,
oder Kleidung verändert Leute – Kleidung ist nicht unwichtig. Um
sich das alles noch besser vorstellen und sich selbst dabei reflektieren zu können, ein paar Erlebnisse, die nicht unbedingt mit dem
Alter zu tun haben, aber dich vielleicht ins Nachdenken bringen.

Stelle dir vor, du dürftest nacheinander Kleidungsstücke ver-
schiedenster Stile und Trends ausprobieren. In gewisser Hinsicht
passiert das auch an Karneval – *bedenke, ich bin Rheinländer, deshalb kann ich nicht Fasching schreiben*. Das könnte dann ungefähr
so aussehen:

Erste Anprobe: Du ziehst eine Offiziersuniform an. Was wird
passieren? Der Rücken strafft sich, der Gang ist gerade und auf-
recht, weil eine andere Haltung zur Uniform undenkbar wäre.

Zweite Anprobe: Du wirst zum Musketier, so richtig wie im Film,
mit einem hochwertigen Kostüm. Wie fühlst du dich? Wie stehst
du? Wie gehst du? Wenn ich früher aus dem Kino kam, nachdem

ich einen Western gesehen hatte, war mein Gang wie der von John Wayne.

Dritte Anprobe: Du legst ein Ballkleid an – das dürfen sich jetzt auch gerne die Männer vorstellen. Was verändert sich dabei?

Eine meiner Töchter liebt »Sissikleider«. Als sie einmal in ein solches Kleid schlüpfen durfte, bekam ihr ohnehin bezauberndes Lächeln einen majestätischen Zuschlag.

Interessant sind die Beobachtungen, die ich auf Mittelalter- märkten gemacht habe, wenn Frauen und Männer historische Ge- wandungen tragen. Die sind dann richtig im Mittelalter. Mit ihrem ganzen Habitus samt Essensgewohnheiten und Musik.

Total spannend waren die Beobachtungen, als wir für die Zeitrei- seausstellung »Mensch Luther« Mitarbeiter und Mitarbeiterinnen für Kulissenaufnahmen in historische Kostüme stecken mussten. Die Verwandlungen waren frappierend. Die Männer verhielten sich als angekleideter Mönch fromm und ehrwürdig, ganz dem Klischee entsprechend, oder als Fürst würdevoll, erhaben, auffallend anders. Ein Mann wurde zunächst ein Mönch und danach ein Fürst. Wie man später bei den Standfiguren sehen kann, ist sein Blick als mit- telalterlicher Fürst absolut stimmig. Nicht anders erging es den Frauen in den weiten und kostbaren Kleidern – da bewegte sich eine junge Frau nicht mehr modern-locker, sondern anmutig-adlig.

Diese Beispiele helfen dir vielleicht, dich kritischer zu fragen, welchen Einfluss Kleidung im Alter haben kann. Gibt es Kleidung, die ich gerne tragen würde, mich aber nicht traue? Passt das, was ich trage, zu meinem inneren Bild? Was hindert mich daran ausge- wählte Accessoires zu tragen, Ringe, Taschen, Halstücher, Schals, Ketten – was auch immer? Gibt es eine Stimme im Kopf, die mir sagt: »Dafür bist du zu alt?«

Meine Großmutter kam aus der Modebranche und sie trug noch mit über achtzig relativ hochhackige Schuhe. Zu ihr passte es und ihre Beine ließen das auch ohne Weiteres zu. Eine gewisse Entlastung und Befreiung erleben einige Frauen sicherlich, wenn sie nicht mehr in Highheels laufen müssen.

Männer mit einem wohlgeformten Schädel, aber fehlender Haarpracht, können heute viel attraktiver aussehen als früher, als noch die Haare, extra von links nach rechts gekämmt, den freien Teil überdeckten. Haare haben einen großen Einfluss auf die Alterserscheinung. Was für ein Typ bin ich, wie ist meine Kopfform und wie trage ich meine Haare, auch wenn sie Lücken aufweisen?

Meine Frau mag es nicht, wenn ich Hüte trage. Sie findet, das macht mich älter und das stimmt in gewisser Weise. Aber der Grund liegt auch noch etwas tiefer. Ihr Vater war im gleichen Alter wie meine Oma und oft bekam sie zu hören: »Gehst du mit deinem Opa spazieren?« Er trug immer einen Hut. Daher verbindet sie Hüte seither mit altbacken. Vielleicht will sie auch einfach nur einen »jugendlichen« Alten. Mir stehen Hüte und ich trage sie trotzdem gerne. Aber es ist tatsächlich so, dass Hüte mich älter machen.

Mein Haar muss ich mit Gel in Form bringen, weil es schon immer sehr dünn war, aber gestylt kommt es flott rüber und der Hut deckelt es dann. Flott unterm Hut. Meine Frau lasse ich entscheiden, welche Kopfbedeckung sie zu welcher Kleidung »ertragen« kann. Im Sommer muss ich mein Gesicht mit Hüten vor der Sonne schützen, ohne soll ich nicht.

Auch zu Hause achte ich auf das, was ich anziehe, denn auch nach über vierzig Ehejahren möchte ich meiner Frau gefallen. Komplimente nehme ich »notgedrungen« in Kauf. Mal ehrlich: Wer mag keine echten Komplimente? Manchen fällt es schwer, sie anzunehmen, aber bei den meisten entdecke ich doch zumindest eine leichte Freude. Außerdem gehen sie doch runter wie Öl und entfalten in der Tiefe viele schöne Hormone und die lassen uns dann noch besser ausschauen. Wer weiß, ob nicht der ein oder andere Schmetterling auch nach Jahrzehnten wieder auftaucht.

Ich spüre, wie es meine Stimmung hebt, wenn ich schön dufte und wenn ich Kleidung trage, die mir gefällt. Nur weil ich älter werde, heißt das doch nicht, dass ich jetzt mein Äußeres vernachlässigen kann oder soll. In jungen Jahren, in denen wir frisch und knackig sind, tun wir uns doch auch Gutes, tragen schöne Klamotten und achten auf den Zustand unserer Haare und ob wir insgesamt gepflegt rüberkommen. Warum dann im Alter damit nachlassen und der Jugend das Feld überlassen?

Als Dreißigjähriger wollte ich später mal ein knackiger Sechziger werden – *ich bin es geworden, denn es knackt mal hier und dort, also anders, aber egal.* Auch meine Seele soll sich in meinem eigenen Körper und dem ganzen Drumherum wohlfühlen. Wenn ich auf mein Äußeres achte, dann ist das Nahrung für die Seele.

Ich bleibe mir treu und experimentiere gerne mit zum Teil kräftigen Farben. Und wenn es zu einem dunkelblauen Gesamtoutfit nur ein leuchtender hellblauer Schal ist. Meine Garderobe habe ich irgendwann nach folgendem Motto sortiert: Was trage ich nur, damit es aufgetragen wird? Was hebt meine Stimmung, was ziehe ich einfach gerne an? Du und ich brauchen nicht so viele alte T-Shirts und abgetragene Hosen zum Arbeiten. Ein bis zwei von jeder Sorte reichen. Der Rest kann weg – wegwerfen tut gut.

ALS DREISSIGJÄHRIGER WOLLTE ICH SPÄTER MAL EIN KNACKIGER SECHZIGER WERDEN.

Wenn ich merke, bei mir klemmt's, ich habe eine innere Blockade, dann sortiere ich zwischendrin kurz etwas aus oder werfe etwas weg. Dann geht meist wieder was.

Frische Farben und ein bisschen Pepp heben ebenfalls die Stimmung und kommen auch jünger daher. In meiner Schublade sind auch einige gelbe Strümpfe – nicht weil Badener (*das bin ich jetzt* schon viel länger als Rheinländer) als Gelbfüßler bezeichnet werden. Nein, gelb ist sonnig und macht gute Laune. Wenn es geht, dann noch die Jacke und die Uhr in Gelb. Okay, ertappt, ich liebe Gelb – sogar ein Smartphone hatte ich einst in meiner Lieblingsfarbe.

Was dir steht und Freude bereitet, solltest du unbedingt tragen. Du hast dich schon lange nicht mehr um dein Äußeres gekümmert? Dann wird es Zeit!

Eine Freundin haben wir einmal fast zu einer farbigen Jacke »geprügelt« – *nicht alles wörtlich nehmen*. Sie suchte sich eine Jacke in »Tarnfarben« aus. Vollkommen unspektakulär, das dachten nicht nur meine Frau und ich, sondern auch die Verkäuferin – sie war so freundlich es offen, aber vorsichtig auszusprechen. Heute trägt unsere Freundin ihre rote Jacke mit Stolz und Freude – das Äußere drang nach innen und sie hat uns versichert, dass es nicht bei dem einen farbigen Kleidungsstück geblieben ist. So kann unsere Kleidung und wie wir uns pflegen, nach innen hineinwirken.

Du brauchst es ja nicht übertreiben, sodass du erschrickst, wenn du dich zufällig im Spiegel siehst. Letztens klingelte eine Nachbarin und meinte: »Oh, so schick gekleidet, was hast du denn vor?« Etwas verblüfft war sie, als ich ihr erklärte, ich würde das nur für mich tragen.

Davon abgesehen, gibt es immer mehr Begegnung über Videoschalten und da kann es nicht schaden auch optisch gut vorbereitet zu sein.

Wir selbst können eine ganze Menge dafür tun, dass sich unsere Stimmung hebt.

Ich liebe mich mit Haut und Haaren, wenn da nicht …

Wenn ich morgens vor dem Spiegel stehe, kann es vorkommen, dass ich mich wie ein zerknautschtes Kissen fühle, innerlich und äußerlich. Die Dusche ist dann meine Wiederbelebungszelle. Erst recht, seitdem ich mich kalt dusche. Die Gaskrise hat es geschafft. Mein Ziel, zu sparen und meinen Beitrag zu leisten, gab mir den letzten Schub. Belohnt werde ich mit einem lang anhaltenden frischen Kribbeln. Mal sehen, ob ich dranbleibe. Aber vorher muss ich mich rasieren – nah am Spiegel, nah an Falten und Flecken. Und wenn ich nicht rechtzeitig eingreife, dann sehe ich schnell aus wie ein »Naturschutzgebiet im Schwarzwald«.

Als Jugendlicher konnte ich es nicht erwarten, dass der Bartwuchs sich endlich zeigte. Heute jedoch wachsen mir Haare, die vor ein paar Jahren dort noch nicht gewachsen sind. Wer sagt denn, dass ich wie ein »Naturschutzgebiet« herumlaufen soll, wo alles einfach wachsen darf, wie es will?

Wenn ich meine Augenbrauen nicht regelmäßig in die Schranken verweisen würde, sähe ich zwar nicht gleich wie Theo Weigel aus – die Wählscheibengeneration kennt ihn noch. Der hatte die buschigsten Augenbrauen, die ich je gesehen habe. Sozusagen sein Markenzeichen.

Zurück zu meinen Augenbrauen: die würden mich ungeschnitten sehr alt aussehen lassen. Und ich würde mich damit nicht wohlfühlen.

Letztlich geht es bei allem ausschließlich darum, dass wir bewusst zu uns stehen, wie der Weigel zu seinen Augenbrauenbüscheln.

Besonders bei den Frauen kommt ab einem bestimmten Alter die Frage: Haare färben oder nicht? Das ist natürlich eine Geschmacksfrage. Wie schön, dass die Frauen hier eine breite Palette von Angeboten haben. Vor allem, wenn die Haare schon ganz von Weiß durchdrungen sind, können sie lang oder kurz getragen fantastisch aussehen. Wer mag, kann hierzu ja den Göttergatten befragen, Freundinnen zu Rate ziehen oder einen guten Friseur um seine Meinung bitten. Eine Frau muss sich damit wohlfühlen. Als ich diese Zeilen schrieb, kam meine holde Gattin ins Zimmer und ich las ihr ein paar Takte vor. »Und wie ist es mit gefärbten Augenbrauen?«, kam es von ihr. Also, wenn sie sie färben lässt, gefallen sie mir besser.

Innen und außen hat viel miteinander zu tun. Wir sehen nicht zufällig so aus, wie wir aussehen. Wir kleiden uns nicht zufällig, wie wir uns kleiden. Mit allen Sinnen älter werden, da spielt sehr viel rein. Wir strahlen Schönheit aus, wenn wir uns gut fühlen. Dafür können wir viel tun. Es beginnt mit unserer Beziehung zu uns selbst. Es geht mir nicht um den Schein. Eine gesunde Selbstliebe bringt eine Schönheit hervor, die von innen kommt und nach außen strahlt.

Wer sich liebt, der kann sich verwöhnen und verwöhnen lassen, der hat eine positive Beziehung zu seinem Körper und kommt auch mit den unvorteilhaften Stellen klar. Jedes Topmodel kennt persönliche Problemstellen – interessant, oder?!

Sich wohlzufühlen, gleicht so manche gesundheitliche Einschränkung aus: Ich lebe, ich fühle, ich achte auf mich. Ich nehme mich wahr! Das ist keine Kleinigkeit und schon gar nicht unwichtig oder übertriebene Eitelkeit, das ist für das Immunsystem enorm wichtig! Gutes tut gut!

Ich liebe die folgenden Verse unserer Freundin und Autorin Ruth Heil: »Du bist etwas Besonderes. Als Gott dich schuf, legte er liebevoll ein Stück von sich selbst in dich hinein. Er wollte, dass du einmalig bist.«[8] Du bist etwas Besonderes!

Es tut gut, sich zu spüren, sich wahrzunehmen, sich von Gott geliebt zu fühlen. »Liebe deinen Nächsten wie – dich – SELBST!« (3. Mose 19,18)

Slow ist das neue Fast

Noch so ein Wortspiel! Wenn es dich neugierig gemacht hat, dann ist der Effekt gelungen.

Als meine Eltern ihr Geschäft abgaben, haben sie vom ersten Tag an eine neue Parole ausgegeben: »Wir streichen das Wort schnell.«

Schnell noch die Blumen anschneiden, schnell noch zwischendrin etwas zu essen einkaufen, schnell noch den Kranz fertig machen … schnell noch zwischendurch kochen! Da hat vor allem meine Mutter neben dem Geschäft und Haushalt sehr viel geleistet! Aber eben – schnell. Jetzt genießt sie es immer wieder, neue Gerichte auszuprobieren und in Ruhe alles vorzubereiten – seit dem Tod meines Vaters nur für sich allein und das täglich.

Wie viel läuft beim SCHNELL alles an uns vorbei, berührt uns nicht, wird – wenn überhaupt – oberflächlich wahrgenommen?

Seit der Pandemie, mit Abstand und Isolierzeiten, haben wir das Wandern und Spazierengehen neu für uns entdeckt – mit Picknick und gut ausgerüstet. Wir haben uns auch extra Wanderschuhe zugelegt, dann sind auch schlammige Wege kein Hindernis mehr. Außerdem müssen die nicht nach jedem Spaziergang geputzt werden. Und wie viel Phänomenales nahmen wir auf neuen Wegen wahr!

Je schneller wir uns fortbewegen, desto oberflächlicher sind die Wahrnehmungen. Es ist ein großer Unterschied, ob ich mit einem Auto, einem Fahrrad oder zu Fuß unterwegs bin. Je schneller, desto weniger können wir uns an Details erfreuen. Bin ich zu Fuß unterwegs, dann nehme ich mehr mit allen Sinnen wahr. Im Herbst ist es der Geruch von verrottenden Blättern und Pilzen. Ich fühle das sattgrüne Moos in seiner großen Artenvielfalt. Und wenn du dann noch mit deinem kleinen Enkelkind unterwegs bist, dann entschleunigt dich das umso mehr.

Langsam ist das neue Schnell, weil wir beim Älterwerden automatisch langsamer werden, was mir oft nicht gefällt. Aber gerade hier entstehen neue Chancen für Veränderungen. In jungen Jahren haben wir viel weggeschafft, weil uns die nötige Kraft zur Verfügung stand. Im Alter haben wir mehr Zeit Dinge gründlicher zu durchdenken. Manches wird besser bearbeitet oder effektiver erledigt.

Schließlich gewinnen wir mit den Jahren an Erfahrungen, die das ausgleichen, was uns an körperlicher Kraft nicht mehr zur Verfügung steht. Es kann auch sein, dass wir Dinge von anderen erledigen lassen und uns für anderes Zeit nehmen, was uns wichtiger geworden ist. Statt mehr Projekte in immer kürzerer Zeit durchzuziehen, ist eine gründlichere Beratung, bei der ich zuhöre und intensiver nachdenke, viel wichtiger, um erfolgreich zu sein. Mit großer Befriedigung komme ich zu Lösungen meiner Probleme, die ich ohne Ruhe zum Nachdenken nie gewonnen hätte. Überhaupt finde ich, gewinnt das Leben mehr Tiefe.

LANGSAM IST DAS NEUE SCHNELL.

Meine Eltern genossen das »neue Schnell«, da sie nun Zeit hatten, etwas in Ruhe gestalten zu können. Bis heute dekoriert meine Mutter das Haus und den Garten. Ihr geschultes Auge findet beim Spazierengehen Naturmaterial, das sie mit einfachen Gebrauchsgegenständen kombiniert. Zusammen entsteht oft ein regelrechtes Kunstwerk. Die Zeit, die sie dafür braucht, spielt keine Rolle mehr, niemand muss wie früher im Geschäft dafür bezahlen. Es liegt ein großer Gewinn darin, dass ich etwas reparieren, gestalten, formen oder modellieren kann, ohne auf die Zeit achten zu müssen, weil es sonst zu teuer würde.

Ich entspanne mich, wenn ich vollkommen abschalten kann, die Welt um mich herum vergesse und voll und ganz bei einer Sache verweile. Solche Momente sind wichtig. In jungen Jahren ist man vielfältiger gefordert durch Beruf, Familie und Ehrenamt.

Wenn wir aber älter sind und nicht mehr im Beruf stehen und keine Kinder mehr erziehen müssen, dann erlebe ich solche Momente viel öfter. Ein Privileg, ein besonderes Geschenk, das ich genießen will.

Das afrikanische Volk der Luo sagt: »Wer langsam geht, kommt weit.«[9] Was für ein weiser Spruch. Manchmal höre ich: »Denk dran, das Leben ist kein Sprint, sondern ein Marathonlauf.« Heißt: Gib nicht so viel Gas, du musst lange durchhalten. Ein Marathonläufer muss seine Kraft gut einteilen. Wenn er die ganze Strecke wie ein Hundertmeterläufer loslegen würde, ginge ihm die Puste schnell aus. Es gibt sogar Slow-Bewegungen. Sie nehmen das Tempo raus, um mehr Qualität in eine Arbeit, eine Organisation oder überhaupt ins Leben zu bringen.

Ein Experiment mit Hafenarbeitern hat gezeigt, dass diejenigen, die regelmäßig Pausen eingelegt haben, produktiver waren als diejenigen, die durchgearbeitet hatten. Mehr Pausen brauchen wir, wenn wir älter werden auch, aber das ist doch eigentlich nicht schlimm. Klar, früher habe ich losgelegt und habe nicht überlegen müssen, wie es mir am nächsten Tag damit gehen wird. Aber wenn ich heute viel arbeite, muss ich am nächsten Tag einen Gang runterschalten. Ich habe mich über diesen neuen Umstand so lange geärgert, bis ich die häufigeren Pausen sogar genießen konnte. In dem kleinen, aber sehr hilfreichen Büchlein »Leben heißt unterwegs sein« fand ich folgende Schlussfolgerung:

»Langsamkeit ist der Luxus unserer Tage« –
hey, das kommt doch uns Älteren gerade recht.

»Langsam Autofahren – das spart Nerven und Geld
Langsam essen – das schmeckt intensiver (*ist auch
bekömmlicher*)
Langsam sprechen – man wird mir anders zuhören
Langsam urteilen – es wird den Beziehungen helfen
Langsam gehen – es ist erstaunlich, was ich da alles sehe«[10]

Was dem älter werdenden Menschen geschieht, per natürlicher Alterung, ist im Grunde eine Riesenchance für mehr Lebensqualität.

In der Bibel gibt es eine Stelle, die ganz deutlich betont, wo es schnell und wo es langsam gehen soll: »Ein jeder Mensch sei schnell zum Hören, langsam zum Reden, langsam zum Zorn« (Jakobus 1,19; LUT) – hiernach hätte der gute Martin auch öfter handeln sollen.

Und hier ist ein guter Rat an Eltern. Wenn die Kinder erwachsen sind, gibt es drei Dinge unbedingt zu beachten:

1. Klappe halten
2. Klappe halten und
3. Klappe halten.

Meine Frau und ich haben uns immer sehr lange überlegt, wann und wie wir etwas sagen. Richtig schief läuft es, wenn zu schnell und in einer sehr unpassenden Situation eine Bemerkung, ein Ratschlag oder eine Meinung fällt.

Langsam ist das neue Schnell – langsamer an einige Dinge oder in Beziehung heranzugehen, kann gewaltige Vorteile haben.

Humor geht immer – jein

Na, was jetzt, ja oder nein? Natürlich gelingt es mir nicht immer, alles mit Humor zu nehmen. Ich probiere es, wo es geht – der Blues kommt sowieso von alleine.

»Mit Humor ist man Herr der Situation und dieser nicht hilflos ausgeliefert.«[11] So steht es im Humorbuch.

In welchen Situationen deines Lebens fühlst du dich hilflos? Ich habe gelernt, den alltäglichen Kontrolltermin beim Augenarzt möglichst positiv und mit einem zwinkernden Auge zu betrachten. Denn bei solchen Arztterminen wird mir klar – so wie immer wird es nicht weiterlaufen.

»MIT HUMOR IST MAN HERR DER SITUATION UND DIESER NICHT HILFLOS AUSGELIEFERT.«
Ansgar Hörsting

All die Jahrzehnte gab es keine größeren Probleme, ich trage, seitdem ich sieben Jahre alt bin, eine Brille – und die waren früher echt hässlich. *Du erinnerst dich!?*
Brillen sind ja heute Schmuckstücke. Aber was die Sehstärke anbelangt, wurde es auf einmal richtig schwierig. Nicht nur ein großer Dioptriensprung nach oben, sondern auch noch mit Knick in der Optik, Zylinder und sonstiges Gedöns. Gut, dass ich heute lebe; vor fünfzig Jahren wäre ich aufgrund der Augen schon arbeitsunfähig gewesen. Also erst einmal dankbar sein – wieder mal!

Und doch stecke ich es nicht so einfach weg, in immer kürzeren Abständen zu den verschiedensten Ärzten zu müssen. Es wird Zeit, dass ich in Rente gehe, dann kann ich mir mehr Zeit für meine Ärzte nehmen.

Du siehst, ich habe den Anspruch, solchen schweren Situationen mit Dankbarkeit und Humor zu begegnen. *Ganz offen, so unter uns, hilft es mir auch, darüber zu schreiben, denn so muss ich bei dir, lieber Leser, liebe Leserin, liefern.*

Bei der Verabschiedung eines kirchlichen Mitarbeiters meinte seine Frau zu mir: »Ja, ich kenne Sie, aber auf den Fotos sehen Sie jünger aus!« Das saß. Na, vielen Dank! Wo ich doch sonst immer für jünger gehalten werde. »Hätte die Frau den Mindestabstand von drei Metern eingehalten, dann wäre das nicht passiert.« Ich war nicht verletzt, hätte aber gerne etwas Witziges erwidert. Leider fiel mir nichts ein, obwohl ich wirklich nicht auf den Mund gefallen bin.

Was ich damit sagen möchte: Meine Temperamentsspezie hat die Gabe, das Komische einer Situation zehn Meilen gegen den Wind zu riechen. Der Vorteil dieser Gabe liegt auf der Hand: Es gibt mehr zu lachen!

Krampfhaft sein Leben oder die Umstände humorvoll zu nehmen, bringt natürlich auch nichts. Aber es hilft, wenn das eine Lebensmaxime ist. Schimpfen und meckern macht es meist schlimmer und geht uns sowieso schneller über die Lippen – leider. Der Lebensfreude-Index läuft dann schnell in den Keller.

Ehrlich zu sich selber zu sein, ist eine Kunst, und es immer auf die harte Tour zu lernen, macht wirklich keinen Spaß. Sich realistisch einzuschätzen, ist hilfreich, und sehr gute Freunde verstehen es, einen sanft auf blinde Flecken aufmerksam zu machen. Sonst droht das Flachdachprinzip.

Was, du kennst das Flachdachprinzip nicht? Wenn ein Flachdach undicht ist, dann tritt das Wasser meist nicht an der Stelle aus, an der es eintritt. Das Wasser sucht sich seinen Weg, und der kann am anderen Ende liegen. Ursache und Wirkung passen nicht zusammen. Wenn du nun nicht ehrlich oder offen mit dir oder einer Sache umgehst, könnte es zu einem kleinen Vulkanausbruch kommen. Du leugnest etwas oder du drückst dich um eine Wahrheit – das ist gar nicht gut! Denn dann kann es passieren, dass du vielleicht an einer Stelle explodierst, an der es eigentlich unpassend ist. Deine Mitmenschen verstehen deinen Ausbruch dann natürlich nicht.

Flachdachprinzip – der Grund liegt wo ganz anders. So könntest du dich vielleicht über jemand geärgert haben und trägst es in dir – und wer kriegt es ab? Jemand, der gar nichts damit zu tun hatte und dir oft nahesteht. Weil bei diesen Personen die Hemmschwelle, es rauszulassen, geringer ist.

Es kann aber auch sein, dass dir der Ärger auf den Magen schlägt, weil du ihn nur verdrängt hast. Je ehrlicher wir mit uns selber umgehen, umso gesünder ist das – das gilt für Beziehungen genauso wie für die eigene Gesundheit.

Humor ist eine Option. Schimpfen auch mal. Sich austauschen und feststellen, dass es anderen genauso geht, kann das eine oder andere Mal helfen. Da jeder anders ist, fällt es je nach Temperament dem einen leichter oder schwerer, die Karte des Humors zu ziehen.

Wenn du dich ein wenig von mir anstecken lässt oder du auch schon lachen konntest, weil du dich oder Situationen wiedererkannt hast, dann, ja dann hat sich das Buch doch schon gelohnt.

Bei meiner Recherche landete ich unweigerlich bei Wikipedia. Dort fand ich folgende Beschreibung zu Humor: »Humor ist die Begabung eines Menschen, der Unzulänglichkeit der Welt und der Menschen, den alltäglichen Schwierigkeiten und Missgeschicken mit heiterer Gelassenheit zu begegnen.«[12]

Ich übersetze das mal so: Ein Mensch reagiert tendenziell heiter auf eine Situation, die nicht optimal verläuft, oder eine alltägliche Schwierigkeit zeigt eine ungewollte komische Gemengelage. Wer darauf mit lockerer Gelassenheit reagiert, hat Humor.

So zum Beispiel:

Du stolperst,

dir entfährt ein Rülpser,

du versprichst dich, und statt zu schimpfen, lachst du oder machst noch einen »dummen« Spruch dazu.

Eine andere Beschreibung fand ich bei Ansgar Hörsting: »Humor entsteht, wenn ich weiß, dass mein Leben in Gottes Hand ist, ich gelassen werde und eine gesunde Distanz zu mir selbst und meinen Problemen bekomme.«[13]

So sehe ich es als eine große Bereicherung, dass nicht alles im Leben von mir oder anderen Menschen abhängt. Im Glauben darf ich mich geborgen fühlen. Gott kennt im Gegensatz zu mir keine Begrenzung. Und wie ein kleines Kind seinen Eltern voll vertraut und ihnen alles zutraut, so geht es mir mit meinem Vater im Himmel. In Jesus habe ich einen, im positiven Sinne, übermächtigen Freund.

HUMOR – GESUNDE DISTANZ ZU MIR SELBST UND MEINEN PROBLEMEN

Stelle dir eine richtig düstere Gegend vor. Es ist tiefe Nacht. Überall verdächtige Schatten und undefinierbare Geräusche. Hier käme höchstens Galgenhumor auf. Aber wenn ich mit zwei bis an die Zähne bewaffneten, zwei Meter großen Bodyguards rechts und links an der Seite ginge, könnte ich mir schon vorstellen, so manchen Witz über kuriose Schatten zu machen. Die Umstände haben sich völlig geändert. Statt ängstlich und verkrampft, ginge ich gelöst und gelassen meinen Weg.

Widrigkeiten des Lebens fordern heraus. Schwierigkeiten kann ich besser und realistischer einstufen, wenn ich dazu wichtige Erfahrungen gesammelt habe. Erst recht, wenn ich Gottes Eingreifen im Leben häufig erfahren habe. Ein Stück weit kann ich dann über den Problemen stehen.

Insofern gibt es eine sehr enge Verbindung von Alter und Humor.

Tun wir unserem Immunsystem, unseren Muskeln, Sehnen und Zellen einen guten Dienst und versuchen wir, locker zu bleiben. Die Anspannungen drängeln sich sowieso immer schnell vor. Für die brauchen wir nicht zu sorgen.

Halten wir fest: Ältere haben den Vorteil, dass sie alleine schon aufgrund ihrer Erfahrungen gelassener sein können. Ganz nach dem Motto: Es wird nicht alles so heiß gegessen, wie es gekocht wird.

Mit ein paar Jahrzehnten auf dem Buckel brauchst du nichts mehr zu beweisen – das liegt alles auf dem Tisch. Und ist der Ruf erst ruiniert, lebt sich's einfach ungeniert.

»Dat is echt dufte«, würde der Berliner sagen. »Da kannste och mal ruhig über dir lachen.« (Das ist echt gut. Da kannst du ruhig über dich selbst lachen.) Nur so ist zu erklären, dass viele Ältere zufriedener sind als Junge, trotz aller Einschränkung und kürzer werdender Wege.

Ein lockerer Spruch, eine witzige Aussage kann einen vermeintlichen Riesen – seien es Sorgen oder Probleme – in einen händelbaren Zwerg verwandeln.

FRÜHER WAR ICH ...
HEUTE IMMER NOCH?

Manchmal hilft es, zurückzuschauen und daraus neue Erkenntnisse für die Zukunft zu gewinnen.

Welche Begabungen, Träume und Freizeitbeschäftigungen habe ich früher ausgelebt und vergessen?

Welchen neuen Schwung kann ich damit aufnehmen? Was würde mir Freude bereiten?

Das Leben besteht aus Phasen, die alle ihre eigenen Veränderungen mit sich bringen: Kindererziehung und Berufseinstieg, wachsende Verantwortung im Beruf – und heute eben die Vorbereitung auf den Ruhestand oder seine aktive Gestaltung. Unsere Umstände verändern sich. Wir verändern uns. Und das ist nicht schlecht!

DAS LEBEN BESTEHT AUS PHASEN, DIE ALLE IHRE EIGENEN VERÄNDERUNGEN MIT SICH BRINGEN.

In manchen Punkten habe ich mich gewandelt. Früher habe ich zum Beispiel gerne Leute nachgemacht oder Dialekte gesprochen, um andere nur wegen des Spaßfaktors zum Lachen zu bringen oder sie aufzuheitern. Heute lasse ich diese Art immer noch einfließen, nur setze ich diese Fähigkeiten auch dank meiner Erfahrungen gezielter ein, um mit Humor Situationen zu entspannen und auch um Menschen zu helfen. Wobei ich da nicht viel überlegen muss, sondern aus mir ein französisch gefärbtes »Natüüüürlisssch« entspringt. Irgendwie authentischer, ohne dabei verkopft zu sein.

Hilfreich sind gute Grundkenntnisse über sich selbst. Klingt komisch, aber ein offener Umgang mit sich selbst hält einen innerlich und äußerlich gesund. Je mehr unverarbeitete Konflikte oder Probleme im Verborgenen liegen, desto eher werde ich unbewusst davon gesteuert. Deshalb hört es nie auf, dass ich mich kritisch hinterfrage.

Reise rückwärts, um vorwärtszukommen

Es ist spannend, wenn du auf deiner inneren Festplatte mal auf Reise rückwärts drückst.

Wenn du gedanklich zurückkreist – was ist an Interessen geblieben, was hat sich an Aktivitäten verändert, was hat sich ganz neu entwickelt? Was war schon immer da und hat sich nicht verloren? Was hat sich gemausert oder total verändert? Was hat sich gefestigt und wo sind Freiheiten entstanden?

Die Freiheiten, die sich durch den Ruhestand oder den Auszug der Kinder ergeben, lassen mich jetzt fragen, was wiederbelebt werden kann.

Ich war überrascht, als ich mir diese und ähnliche Fragen gestellt habe. Was da alles zutage trat!

Konkret stellte ich mir die Frage: Was habe ich früher gemacht und welche Stärken hatte ich schon im ersten Beruf? Eine solche Rückbesinnung hilft mir, wenn ich mich nach Neuem ausstrecke.

Ich war schon immer ein Fragezeichenmensch. Mich interessieren ganz einfach Menschen und ihre Geschichten, ihre Biografien. Dahinter steckt meine grundsätzliche Neugier auf das Leben.

So hat mich meine Neugier, andere Menschen kennenzulernen, nie verlassen. Schon mit zwölf Jahren habe ich mitverkauft oder habe Blumen zu den unterschiedlichen Festen oder Anlässen in fremde Häuser gebracht. Darunter waren große Firmeninhaber genauso wie ganz einfache Menschen. Im ersten Beruf wurde ich dann auch Florist, wie meine Eltern. Was mir nicht lag, war die fachliche Qualität in einigen Bereichen, wie zum Beispiel Schalen zu bepflanzen oder vielfältige interessante Gestecke zu gestalten, zudem fehlte mir auch die handwerkliche Schnelligkeit.

SCANNE DEINE VERGANGENHEIT. REANIMIERE VERSCHÜTTETE STÄRKEN.

Aber nur eine Sache konnte ich wirklich gut: verkaufen. Ein Verkäufer bin ich geblieben. Ich konnte gut einschätzen, was jemand braucht oder was ihm gefällt. Meine Begeisterung für Schönes und die Freude zu verkaufen, sprang über. Ein guter Verkäufer muss Gewinn machen und den Kunden glücklich. Schließlich will er einen zufriedenen Kunden verabschieden und bald wieder begrüßen.

Für die Zeitreisenprojekte brauchten wir viele Mitwirkende. Wenn ich sie gewinnen will, muss ich selber von dem Projekt begeistert sein. Das Ziel am Ende muss attraktiv und lockend sein und das sind die Ostergärten & Co. Dass sich Projekte wie der Ostergarten und andere Sinnenprojekte so vermehrten, lag auch an der Gabe, sie gut »verkaufen« und präsentieren zu können.

Ich weiß, dass der Erfolg ein Segen von Gott ist. Er hat uns mit allem ausgestattet, damit so etwas wie die Sinnenarbeit entstehen konnte. Deshalb ist es wichtig, auf das zu schauen, was man in der Vergangenheit schon alles gemacht hat, ob beruflich oder in der Freizeit. Wo schlägt mein Herz und wo bin ich begierig auf Neues. An welcher Sache oder Idee kann ich dranbleiben?

Meine Interessen sind sehr breit gefächert und so bin ich zu einem Generalisten geworden, der vieles eher an der Oberfläche kann und weiß, aber eben kein Spezialist geworden ist, außer bei der Neugier.

Diese Fähigkeiten brauchte ich aber bei den Projekten, in denen wir Bibel erlebbar gestalten. Genauso wie die Offenheit dafür, immer wieder neue Dinge wahrzunehmen oder kennenzulernen und den eigenen Horizont zu erweitern. So konnten wir ungewöhnliche Wege gehen und Neues entwickeln. Für Spezialaufgaben fanden wir die passenden Leute. Offensichtlich gelingt es meiner Frau und mir gut, bei anderen Menschen Begabungen zu erkennen. Manchmal sahen wir Fähigkeiten, die die Menschen selbst bei sich noch gar nicht wahrgenommen hatten.

ICH WEISS, DASS DER ERFOLG EIN SEGEN VON GOTT IST.

Erinnere dich: Was hat man dir immer wieder gesagt, was du gut kannst? Für welche Aufgabe hat man dich in der Vergangenheit wiederholt eingesetzt? Liegt in diesen Erinnerungen etwas, was dir für die Zukunft hilft, was du vielleicht auch im Ruhestand machen kannst?

»Ich wusste es«, sagte meine Frau, »ich wusste, dass sie das gut kann.« Die Rede ist von einer jungen Frau, die Annette sich immer als Gruppenbegleiterin bei der Weihnachtszeitreise vorstellen konnte. Sie wurde einer der besten. Lange hatte sie sich nicht getraut, bei uns einzusteigen.

Und solche schönen Momente, in denen Menschen sich entfalteten, haben wir beim Ostergarten oder bei »Mensch Luther« oft erlebt. Das waren die Höhepunkte in unserer Arbeit.

Wenn Menschen Neues anfangen, kann sich mental, motorisch oder im sozialen Umfeld viel ereignen. Ich denke an unseren Harald Göricke. Er ist der Tontechniker, der die meisten Sprecher aufgenommen und mit vielen Hintergrundgeräuschen Hörszenen der Extraklasse entwickelt hat. Es war nach einer Führung beim ersten

Ostergarten, ich stand mit ihm am Ende der Führung noch im Auferstehungsbereich und entschuldigte unsere lausigen ersten Versuche, mit Geräuschen zu arbeiten. Dann sagte er mit seiner direkten Art: »Das mache ich euch!« Harald hatte Zeit. Er kannte sich aus und hatte die Technik dazu. In seinem winzigen Zimmer voller Bücher und Technik – ideal für Tonaufnahmen, da es keinen Hall gab – wurden viele Sprechrollen aufgenommen, gemischt und bis zur Vollendung immer wieder überarbeitet. Ohne ihn und unseren Maler Herbert Stuck gäbe es die Segensgeschichte Ostergarten und die Sinnenarbeit im Allgemeinen nicht. Nicht nur Harald bekam einen erheblichen Zuwachs an neuer Freude und Lebenssinn, auch seine Frau Christa. Sie hat die Gabe der Gastfreundschaft und versorgte uns bei den Aufnahmen mit einfachen Köstlichkeiten oder sprach einzelne Texte professionell mit ein. Beide erlebten, dass Hunderttausende die Hörszenen mit Gewinn für ihr Leben hörten. Beide freuten sich bei den Mitarbeiterfesten über den gelungenen Einsatz ihrer Arbeit.

Herbert ging es ganz ähnlich. Der Malermeister im Ruhestand hatte in seiner Jugend Kinoplakate gemalt – ja, gemalt. Denn der Druck kam erst später. Auf diese Weise legte er sich eine Technik zu, die es ihm erlaubte, sehr schnell größere Flächen zu bemalen. Über hundert Meter gemalte Kulissen gibt es von ihm. Ich habe ihn in meiner Diakonenzeit in Heidelheim kennengelernt und mich erinnert, dass er zu christlichen Musicals große Kulissenwände bemalt hatte.

Als er für uns schon einiges geliefert hatte, erzählte er mir etwas traurig, dass die von ihm gemalten Theaterkulissen für einen Verein immer übermalt wurden. Unsere dagegen wurden sorgfältig verstaut und wiederverwendet. Im Fernsehen und in großen Tageszeitungen oder christlichen Zeitschriften konnte er seine Werke immer wieder sehen.

Beide älteren Herren bekamen viel Lob von den anderen Mitarbeiterinnen und Mitarbeitern. Die stille, genießerische Freude in ihren Augen zu lesen, war wunderbar. Beide leben nicht mehr, aber wer bei uns zu Besuch ist, kann sie und andere auf Fotos im Eingangsbereich sehen. Dankbar erinnern wir uns so an die Menschen, denen wir viel verdanken oder die uns ein Vorbild waren.

Übrigens hatte Herbert auch einen trockenen Humor und bezeichnete sich nur als Kleckser. So habe ich ihn dann auch immer vorgestellt und dann konnte dieser stille Genießer auch herzlich und etwas geräuschvoller lachen.

Am Leben dieser Männer kann ich sehen, wie neue Herausforderungen, kombiniert mit bereits angelegten Techniken und Begabungen, Neues entstehen ließen. Techniken wurden ausgefeilter, der Umfang wuchs und neue Herausforderungen wurden gemeistert. Sie erfuhren Würdigung, lebten in neuen sozialen Kontakten und blühten dabei auf. Harald und Herbert erlebten im Ruhestand mindestens genauso viel Anerkennung wie vorher im Beruf.

Ostergärten, »Menschen begegnen Jesus« oder die »Hoffnung für die letzte Reise« leben von großem und vielfältigem ehrenamtlichem Engagement.

Von 2006–2009 konnten die Sinnenprojekte in einem Möbelhaus besucht werden. Ein halbes Jahr wurden zwei Etagen vollkommen und aufwendig zum Sinnenpark umgebaut. Am Wochenende wurde naturgemäß besonders viel darin gearbeitet. Womit bekamen wir viele Helferinnen und Helfer? Natürlich nur – *nicht nur* – mit guten Köchinnen und Köchen, denn eine der ersten Fragen auf meine Einladung zu Arbeitseinsätzen lautete: »Wer kocht?« Beim gemeinsamen Arbeiten haben wir viel gescherzt und gelacht,

aber erst recht beim gemeinsamen Essen – hier traf sich die »Oster-
gartenfamilie«.

Höhepunkte waren die Mitarbeiterfeste nach einem Großprojekt
oder einem bestimmten Zeitabschnitt. Das Café mit zwei riesigen
Dachterrassen wirkte wie aus Tausendundeiner Nacht. Palmen und
Tonnen von kleinen weißen Bodendeckersteinchen verwandelten
die Dachterrasse in ein orientalisches Ambiente. Ein handgemalter
goldgelber Sandsteinboden im Inneren, von unserem »Kleckser«
gestaltet, und der traumhafte Blick aus riesigen Panoramafenstern
waren ein perfekter Ort für die Krönung gemeinsamen Schaffens.
Die Büfetts hätte man auch in einem Fünfsternehotel finden können. Eine Familie kümmerte sich mit ganzer Hingabe darum.

Unsere Projekte waren für alle Sinne und die Feste erst recht. Die
Fülle von Begabungen und Menschen, die über sich hinauswuchsen,
weil sie ihre Begabungen, ihre Talente, einsetzten und sich an Neues wagten, machten diese Feste zu Sternstunden.

> **»WIR WERDEN NUR DANN ZUFRIEDEN SEIN, WENN WIR UNS IM KERNBEREICH UNSERER TALENTE BEWEGEN.«**
> **Christoph Morgner**

Christoph Morgner beschreibt die Bedeutung von Talenten: »Wir werden nur dann zufrieden sein, wenn wir uns im Kernbereich unserer Talente bewegen.«[14] Das gilt auch für den privaten
Bereich und die ehrenamtlichen Aufgaben nach der Berufsarbeit.

Wenn wir etwas tun, was anderen zugutekommt, ist das ein
zusätzlicher Mehrwert.

So zum Beispiel die Tafel-Arbeit. Wie wertvoll ist diese Versorgung und wie wohltuend kann ein freundlicher Blick und eine wertschätzende Bemerkung sein. Die Sprache »Liebe« versteht jeder – ein ehrliches Lächeln oder eine nette Geste tun dem
Beschenkten – und dem Geber – gut.

Mit zweiundsechzig begann ich, Klavierunterricht zu nehmen. Mit der rechten Hand kann ich viele Melodien spielen, weil ich nach Gehör und bereits Mundharmonika und Gitarre spiele. Mit dem Klavierspielen muss ich jetzt auch Noten lernen, was wiederum für die Gitarre und neue Lieder hilfreich ist. Aber mit der zweiten Hand und Akkorden tue ich mich schwer – aber im Ruhestand will ich mir dafür mehr Zeit nehmen. Äußerst interessant ist die Feststellung, dass sich beim Unterricht und Üben schwieriger Teile meine Stirn wärmer anfühlt. Ich spüre, dass mein Kopf ganz stark gefordert ist.

Nicht überraschend wird in sämtlichen Ratgeberbüchern fürs Älterwerden das Erlernen von neuen Musikinstrumenten oder das Singen, insbesondere mit anderen, hervorgehoben. Im Chor hat jeder Gleichgesinnte, hört sich gemeinsam klingen und erntet öffentliche Anerkennung. Ein Powerpaket, ein Superfood für Körper und Seele.

Ganz besonders intensiv ist das Tanzen. Ob als Paartanz oder in der Gruppe. Überhaupt die Bewegung zur Musik belebt, bringt vieles ins Schwingen und fordert verschiedene Gehirnteile gleichzeitig heraus.

Sei es ein Ehrenamt, Musik oder Tanz. Ich wünsche dir, dass du mit etwas Neuem eine schöne Erfahrung machen kannst. Die Bandbreite der Möglichkeiten ist gigantisch groß, da ist für jeden etwas dabei. Es muss nichts Exotisches sein, aber etwas, das in dir etwas auslöst. Eine Aufgabe, auf die du dich freust, in der du die Zeit, vielleicht deine Schmerzen oder deinen Kummer vergisst.

Wenn Neuland betreten wird, dann entsteht auch die Chance, ganz neue Gesprächsthemen zu finden. Vielleicht entwickeln sich zudem neue Kontakte.

Die Fülle der Möglichkeiten, sich zu engagieren oder etwas Neues zu beginnen, ist unbegrenzt. Denn die Unterschiedlichkeit von Menschen bringt auch eine Fülle von kreativen Ideen hervor.

Der beste Anhaltspunkt, ob etwas zu mir passt, ist die Freude und ein Glücksgefühl, wenn bestimmte Bereiche oder Ideen angesprochen werden.

Solltest du noch auf der Suche sein, dann helfen vielleicht diese Anregungen:

Wenn du eine besondere Ader für Humoriges hast, dann könntest du dich fragen: Kann ich hier noch mehr draus machen? Vielleicht Gedichte verfassen, die den alltäglichen Kampf mit dem Älterwerden mit einem Augenzwinkern beschreiben. Wir lachen in der Regel gerne über Umstände, die wir selber erlebt haben. Und wie schon erwähnt: Humor federt manches Schwere ab. Schlummert in dir die Lust, ein bisschen Kabarett auf die Bühne zu bringen oder ein kleines Theaterstück zu schreiben? Vielleicht hast du auch schon ein Stück gelesen, das dir gefallen hat. Dann suche Mitstreiterinnen und Mitstreiter und setzt es in Szene. Wage es!

Als ich 2022 zu einer Reha nach Sachsen fuhr, hörte ich bei der Autofahrt Ausschnitte aus einer Schallplatte »Die Komikerparade« aus DDR-Zeiten. Einen Auftritt eines Künstlers hatte ich als Jugendlicher auswendig gelernt und im Karneval zum Besten gegeben. Jahrzehntelang lagen diese Texte in meinem Hirn verborgen, und als ich sie wieder im Original hörte, konnte ich fast jedes Wort mitsprechen. Ich liebe es, Menschen zum Lachen zu bringen, und Situationskomik liegt mir. Außerdem kann ich schauspielerisch die passenden Gesichter dazu liefern und mich dementsprechend verhalten. Es kribbelt und ich verspüre eine große innere Freude, an diesem Punkt weiterzutüfteln. *Kennst du solche Momente? Soll ich mich trauen? Soll ich wirklich diesen Gedanken, diesen Wunsch umsetzen?*

Ich las von einer jungen Frau, die anfing, Menschen Briefe zu schreiben. Bekommst du gerne Briefe oder schreibst du selbst gerne? Heutzutage ist ein persönlich geschriebener Brief eine Kostbarkeit geworden. Denn es kostet nicht nur einige Mühe, bis der Brief geschrieben ist, sondern er muss auch noch zum Briefkasten gebracht werden. Außerdem muss noch eine Briefmarke darauf. Es sei denn, du schreibst Briefe für Menschen im Ort, die du persönlich vorbeibringen kannst.

Wer braucht eine Ermutigung, einen Trost oder ein Kompliment? Allein die Menschen, die einen Dank verdient haben, ergeben eine große Gruppe: die Kassiererin im Supermarkt, der Apotheker, die Hausärztin, der Orthopäde, oder vielleicht ein Dank an die Polizisten der nächstgelegenen Polizeistation, der Feuerwehr oder den Sanitätern … Es muss gar keine große Sache sein.

WOFÜR SCHLÄGT DEIN HERZ?

- Vorlesen, ob in der Kinderklinik, im häuslichen Bereich oder im Seniorenheim
- Nachhilfe anbieten
- Musikunterricht
- Unterstützung im Umgang mit Smartphone oder PC
- Hilfen beim Einrichten eines neuen Haushaltsgerätes
- kleinerer Reparaturservice, sonstige handwerkliche Tätigkeiten
- Hilfe bei Gartenarbeiten, Baumschnitt …
- Politikern zuarbeiten, für sie recherchieren, sie beraten
- Einsatz im Naturschutz
- Fahrdienste übernehmen

- Kindergeburtstage mit vorbereiten und durchführen
- für andere kochen oder backen
- einen Literaturkreis gründen
- Spieleabende ausrichten
- kleine Wander- oder Fahrradtouren anbieten
- Coachingangebote für Studenten, Firmen, Pädagogen
- ...

Neugier als Lebenselixier

Geht dir das auch so, dass das Wort Neugier bei dir überwiegend negativ belegt ist?

In Wikipedia findest du unter diesem Begriff folgenden Eintrag: »Neugier (auch Neugierde) ist das als ein Reiz auftretende Verlangen, Neues zu erfahren und insbesondere Verborgenes kennenzulernen.«[15]

REIZE, ANREIZE SIND WICHTIG, DAMIT WIR MOTIVIERT WERDEN.

Reize, Anreize sind wichtig, damit wir motiviert werden.

Wenn wir mit unseren Muskeln immer die gleichen Bewegungen machen, dann tut ihnen das nicht gut und andere Bereiche leiden darunter. Nicht anders ist es mit unserem Gehirn und unserer Einstellung.

Ohne Neugier hätten wir als Kleinkinder das Laufen nicht gelernt und die Welt erkundet. Warum soll das beim Älterwerden anders sein? Lassen wir uns nicht davon einlullen, dass wir doch schon alles wüssten. Ja, ja, ich weiß, irgendwann kommen wir an den Punkt zu glauben, es gäbe nichts wirklich Neues mehr. Bei der

Mode zum Beispiel. Bei einem bestimmten Trend, wie weite Hosen zu tragen, sagen meine Frau und ich dann: »Brauchen wir nicht, hatten wir schon.«

Neugier bereichert unser Leben, wenn wir etwas Neues ausprobieren, andere Wege gehen oder uns auf Ungewohntes einlassen.

Zu Hause werde ich als Gewürz- und Kräutermuffel tituliert, nur weil ich mit Pfeffer, Salz und Curry meistens zufrieden bin und auch sonst nicht im Verdacht stehe, mich an Exotischeres heranzuwagen. Aber dann lasse ich mich doch hin und wieder darauf ein und probiere etwas aus. Dann bereiten mir die Entdeckung »Ach, das schmeckt ja doch gut« und der erstaunte Blick meiner Frau Freude. Seit Jahren versuche ich, mich mit Oliven anzufreunden. Das hat sich während des Schreibens am Buch gewandelt, seit ich den mobilen Händler vor dem Einkaufszentrum für mich entdeckt habe und schon fast süchtig nach seinen Oliven wurde. Du siehst, ich bin im Fluss.

NEUGIER BEREICHERT UNSER LEBEN.

Offen und interessiert bleiben, sich einmischen und herausfordern lassen, ist spannend. Auch sich auszuprobieren – was könnte ich verändern, was macht es mit mir, wenn ich mal meinen gewohnten Ablauf verändere, etwas anderes ausprobiere? Wir machen dann neue Erfahrungen, und der Mut, etwas gewagt zu haben, zählt.

Neugier bringt nicht nur Kleinkinder voran, sondern auch Erwachsene können von dieser Einstellung profitieren. Die positive Neugier im Sinne von Interesse und Offenheit hält fit. Vieles können wir ein Leben lang entdecken und uns und anderen das Leben bereichern.

Es muss auch nicht bei der Neugier bleiben, denn wenn wir Taten folgen lassen, kann sich eine neue Welt öffnen. Sie muss nicht groß sein. Aber Lebensqualität besteht sowieso hauptsächlich aus kleinen Dingen.

Neugier ist nicht so negativ wie ihr Ruf. Auf die Zielrichtung kommt es an.

Als Jugendlicher wollte ich Schauspieler werden. Mit Anfang sechzig bin ich auf diesen Kindheitstraum zurückgekommen. In meiner Gemeindearbeit tauchte dieses Element immer wieder auf, als Bauchredner oder in kleinen Anspielszenen. Aber als Ü60-Mann schlüpfe ich nun in die Rolle von Luther, seinem Knecht und Spalatin, einem seiner wichtigen Freunde. In diesen Rollen kann ich wunderbar auf den Glauben zu sprechen kommen – klarer und deutlicher, als wenn ich nur als Lutz Barth auftreten würde.

Meine Zielrichtung ist klar: Was mir am Herzen liegt, möchte ich mit allem Charme und allem Können in guter Weise rüberbringen – echt, ehrlich und offen. Da habe ich es mit dem Evangelium natürlich leicht. Was für eine Botschaft steckt da drin. Gottes Herz schlägt für uns. So sehr, dass Jesus Christus vollen Einsatz für uns gegeben hat. Sein Engagement für uns ist bis heute ungebrochen. Du merkst meine Begeisterung für das Thema Glauben: Gott, der Vater – diese Vorstellung hat in meinem Glauben immer eine zentrale Rolle gespielt. »Ich habe einen guten und mächtigen Vater im Himmel.« Diese Vorstellung hat mir über manche Schwäche hinweggeholfen. Bis heute erlebe ich, wie mich der Glaube stark und fähig macht großen Herausforderungen zu begegnen, die ich mir eigentlich nicht zutraue. Ich erinnere an den nächtlichen Spaziergang mit den Bodyguards.

Das Vertrauen in den großen Vater im Himmel war früh da, aber durch viele Tiefen und schmerzliche Erfahrungen ist das Vertrauen in den Jahren gewachsen. Dabei spielt das Forschen in der Bibel mit einer gewissen neugierigen Haltung eine unverzichtbare Rolle. Erst als ich erkennen konnte, dass das, was ich in der Bibel las, auch im Alltag erfahrbar ist, wuchsen der Glaube und die Liebe zu Gott zu einer stabilen Einheit. Meine Neugier hat sich gelohnt.

Veränderungen begleiten uns ein Leben lang und das hört beim Älterwerden nicht auf. Auch dafür braucht es Mut, Offenheit, Neugier.

Lebenserfahrungen sind hilfreich und die Neugier auf neue Freiheiten im Alter motiviert. Die Erlebnisse in der Vergangenheit sind in aus verschiedenen Gründen wertvoll. Sie schenken nicht nur Perspektiven und neue Ideen, sondern zeigen uns auch, wie viel wir schon gemeistert haben, was mit Geduld umgesetzt und an Problemen gelöst wurde. Scheitern war manchmal sehr schmerzhaft und vielleicht hilfreich, um vorwärtszukommen. Wenn wir schwere Lasten ertragen haben, dann macht das Mut, auch Neues wieder aushalten zu können. Die Angst, gleich unterzugehen, wird gemildert, weil wir es wiederholt geschafft haben, aufzustehen.

Die Größe der kleinen Veränderungen

Durch gute Kameras in den Smartphones fotografieren viel mehr Menschen als früher. Gute Fotos sind heute schnell geschossen. Aber wohin mit ihnen? Wer schaut sie sich an?

Aus vielen Motiven lässt sich eine Post- oder Geburtstagskarte herstellen. Ganz persönlich und gleichzeitig so wertig – bei den meisten Menschen wird so eine Post Freude und Dankbarkeit auslösen.

WINZIGE VERÄNDERUNGEN KÖNNEN EINE GROßE WIRKUNG HABEN.

Wenn du dich immer wieder mit ein und derselben Person triffst und du immer das Gleiche mit ihr erlebst, schlage doch einmal etwas anderes vor oder überlege gemeinsam: »Was könnten wir machen, was wir noch nie getan oder besucht oder erlebt haben?« Das Schöne ist, dass schon winzige Veränderungen eine große Wirkung haben können.

So haben wir unseren Balkon entdeckt. Nicht nur zum Wäscheaufhängen, sondern um uns am späteren Nachmittag, wenn die Sonne im Garten in der hohen Hecke festhängt, auf dem Balkon zu entspannen. Es ist ein kuschliger Platz, eingerahmt in wildem Wein.

Setze dich in ein Straßencafé und erfreue dich daran, Menschen zu beobachten. Überrasche einen Straßenkünstler oder eine Bettlerin mit einem größeren Betrag als gewöhnlich.

Wir benutzen oder lesen viele Wörter, aber deren Herkunft kennen wir oft nicht. Ich bin hin und wieder überrascht, wie sich hinter bekannten Begriffen eine interessante Geschichte verbirgt.

Gibt es vielleicht eine Nachbarin oder einen Nachbarn, nach deren Herkunft oder Heimatland du fragen könntest? Ehrliches Interesse an einem Menschen kommt an. Tatsächlich können wir mit kleinen Aufmerksamkeiten eine große Wirkung erzielen. Was für uns bescheiden aussieht, kann einem anderen Menschen viel bedeuten.

Viele große Vorhaben haben auch klein begonnen. Manches müssen wir sogar im Kleinen erst einmal probieren und wenn es sich bewährt, kann es ausgeweitet werden. Beobachte, wo mit geringem Aufwand eine große Wirkung entfacht wird. Aus einem kleinen Schneeball, der immer weitergerollt wird, wächst ein Schneemann.

Sprenge deinen Rahmen und bleibe trotzdem du selbst

Das Älterwerden bietet ganz neue Chancen und öffnet Wege, die wir vorher nicht sehen konnten.

Unsere Arbeit mit Ostergärten und anderen Sinnenprojekten lief nicht gradlinig. Es gab immer nur kurze Projektzeiträume von zwei bis drei Jahren. Wir saßen oft auf gepackten Koffern, um in einer anderen Gegend wieder in die Gemeindearbeit vor

Ort zurückzugehen. Was wir aber nicht wollten. Als Kind war ich durch die Mauer von der Familie getrennt und von unseren Kindern wollten wir nicht wegziehen. Als wir wieder einmal nicht weiterwussten, ließen wir uns beraten.

In Birgit Schilling fanden wir eine kompetente Fachfrau und die sagte uns damals: »Normalerweise berate ich Menschen, damit sie nahe an den Kern ihrer Talente und Begabungen herankommen. Nur bei Ihnen ist es anders. Sie sind bereits dort und alles, was wir gerade bedenken, scheint vom Kern Ihrer Begabungen wegzuführen.«

Das war zwar eine Bestätigung, aber das Dilemma blieb. Dass es dann trotzdem mit der Sinnenarbeit weiterging, das ist Gottes Führung gewesen.

Manchmal gibt es Zwänge und Umstände, die es nicht zulassen, dass eine bestimmte Begabung im Beruf umgesetzt werden kann. Oder wir sehen (noch) keine Möglichkeit, unsere Berufung voll auszuleben.

Ich wurde Florist, weil meine Eltern einen eigenen Betrieb besaßen. Wie das eben früher üblich war. Aber ich war in diesem Beruf unglücklich. Ich war dafür von meinen Begabungen her nicht ausgestattet und sah keine Alternative. Aus gesundheitlichen Gründen wurde mir eines Tages geraten, einen anderen Beruf zu suchen. Einerseits war es eine Befreiung, aus einem ungeliebten Job aussteigen zu können, und gleichzeitig die sorgenvolle Frage, was ich anderes tun könnte. Ich hatte Angst vor der Zukunft. Damals sammelte ich gerade neue Erfahrungen als ehrenamtlicher Mitarbeiter im Kindergottesdienst. Zu meiner Überraschung entdeckte ich pädagogische Fähigkeiten und die Gabe, packend erzählen zu können.

SPRENGE DEINEN RAHMEN, VIELLEICHT WIRST DU GERADE DADURCH ZU DEM MENSCHEN, DER DU IMMER SEIN SOLLTEST?!

Alles passte dann, auch wenn manche Wege zwischendurch krumm aussahen. Erst besuchte ich eine Bibelschule, um dann weiterzustudieren. Aber beides – Bibelschule und Fachhochschule – war am Ende eine gute Mischung. Nie im Leben hätte ich gedacht, dass ich Religionspädagoge würde – noch nicht einmal ein Studium konnte ich mir vorstellen. Da wurde ein dicker Rahmen gesprengt. Gott hat auf krummen Wegen gerade geschrieben. Bis heute prägt mich diese Erfahrung, denn sie war alles andere als leicht.

Sprenge deinen Rahmen, vielleicht wirst du gerade dadurch zu dem Menschen, der du immer sein solltest?!

Vielleicht bietet sich dir gerade die Gelegenheit, etwas auszuprobieren oder anzugehen.

Egal, wie es vorher war. Was zählt, ist die Gegenwart.

FRAGE DICH DOCH EINMAL:

- Tun sich bei dir gerade Türen auf?
- Hast du die nötigen Freiräume, finanziell oder zeitlich?
- Könntest du deine Talente in einer ehrenamtlichen Arbeit einbringen?
- Ergeben sich Konstellationen von Räumen, von Mitstreiterinnen und Mitstreitern, ändert sich das familiäre Umfeld? Gibt es bei dir verpasste Gelegenheiten oder Wünsche und Träume, die du dir gerne noch erfüllen möchtest und die früher einmal da waren?

Wenn nicht jetzt, wann dann? Ergreife doch die Gelegenheit, etwas neu auszuprobieren oder anzugehen. Für vieles ist man nie zu alt. Denke nicht, dass die Zeit davor verlorene Zeit war. Gott kann aus dem wenigen, was vielleicht noch an Aufgaben kommt, viel machen. Dafür gibt es Tausende Beispiele von Menschen, die erst nach der Erwerbsarbeit zu ihrer eigentlichen Berufung fanden. Für Gott zählt nur die Treue, ob im Kleinen wie im Großen.

Ob du mit deinen Gedanken richtig liegst, kannst du auf verschiedene Weise herausfinden.

Bist du in der Vergangenheit immer wieder auf eine besondere Begabung von dir angesprochen worden? Hast du festgestellt, dass du Menschen mit einer bestimmten Begabung eine Freude bereitet hast? Gab es Momente, in denen dein Herz für eine bestimmte Aufgabe gebrannt hat? Wenn du an eine bestimmte Sache denkst, schwingt da Freude und Frieden mit?

Nutze deinen Altersbonus. Umgib dich mit Menschen, die dich unterstützen. Kläre nüchtern alle Fakten und wenn du kannst: bete. Bete, dass Gott dich führt und bleibe offen für seinen Willen. Es könnte ja vielleicht auch etwas ganz anderes dran sein. »Herr, was willst du segnen?«

Und denke daran: mit Humor geht es leichter und er baut Brücken. Brücken, die sich erst ergeben, weil du es dir selbst leichter gemacht **HUMOR BAUT BRÜCKEN.** hast. Mit Humor entspannst du dich und bist erst dadurch in der Lage, schwierige Entscheidungen entspannt zu treffen. Verbissen und verkrampft Entscheidungen zu fällen, war noch nie eine gute Alternative.

In meiner Reha kam ich auf die Idee, zum Abschluss ein Kabarett zu machen, indem ich die Reha mit ihren Angeboten durch den Kakao zog. Der Auftritt war ein Erfolg.

Eine andere Nummer wäre es, das Programm für einen ganzen Abend aufzustellen. Das sprengt meinen bisherigen Rahmen gewaltig. Aber es reizt mich sehr und ich habe große Lust, diese gewaltige Herausforderung anzunehmen, vielleicht in Zusammenhang mit anstehenden Lesungen.

Ich bleibe mir treu, weil ich vieles davon in kleiner Münze immer wieder eingebracht habe.

Was immer du in deinem Leben ausprobierst oder veränderst: Es muss zu dir passen. Obwohl es vielleicht nur ein kleiner Schritt aus deiner Komfortzone ist, aber der Schwung, der damit ausgelöst wird, kann eine große Wirkung haben.

Wenn wir uns als Person dabei verbiegen, etwas oder jemand anderes zu sein, dann wirkt das künstlich und wir werden damit nicht glücklich. Ich probiere was aus und wenn es sich gut anfühlt, bleibe ich dran. Das ist fast wie ein kleines Abenteuer. Im Grunde machen es die Sportler doch genauso. Das Ziel wird immer etwas weiter gesteckt. Wenn ich alleine nicht weiterkomme, dann frage ich meine Frau oder meine Kinder, was sie von meiner Idee halten, oder Freunde, die mich gut kennen.

Wie ein Jungbrunnen ist so eine Grenzerweiterung. Ich spüre das Kribbeln und dass Hormone ausgeschüttet werden. Da ist noch nicht das Ende der Fahnenstange.

So eine Rahmensprengung kann für mich schon das Zusammenspiel mit einem Superorganisten bei einer Andacht im Oberkirchenrat sein. Wenn ich die Mundharmonika auspacke, dann spiele ich meistens alleine, wie auch Gitarre oder Cajón. Aber mit anderen zu spielen, fordert mich sehr. Und wenn ich es geschafft habe, dann ist das herrlich. Meine Grenzen wurden gesprengt, aber ich bin trotzdem bei mir und dem, was ich gut kann, geblieben. Dass dann mal ein Ton danebengeht oder der Einsatz nicht ganz stimmig ist, kann ich immer besser verkraften.

Die Freude an der Sache zählt und das ist das Wichtigste, was rüberkommen soll. Ich muss doch nichts mehr beweisen – das ist die Freiheit im Alter! Mit einem Augenzwinkern kann ich dann kokettieren und vielleicht sagen, dass ich da mal einen Ton vergessen habe – in Anspielung an das Alter.

Herrliche Freiheiten im Alter

»Wir (Älteren) können sicherlich nicht mehr so schnell laufen, aber wir kennen die Abkürzung«, sagte Handwerkspräsident Otto Kentzler einmal.[16] Ein wichtiger Hinweis, wie unterschiedlich die Stärken von Jungen und Älteren sein können. Meine gesammelten Erfahrungen sind mir kostbar. Damit stehe ich nicht alleine.

WIR ÄLTEREN KENNEN DIE ABKÜRZUNG!
Otto Kentzler

Ich habe mich gefragt, warum eigentlich? Es hat sicherlich mit einem Sicherheitsgefühl zu tun, weil ich aufgrund meiner Erfahrungen Gefahren früher erkenne. Mir schenkt die Kenntnis, schwierige Situationen gemeistert zu haben, eine größere Gelassenheit im Alltag. Der Glaube an Jesus Christus ist dagegen richtiges Doping im guten Sinne, denn er setzt Energie frei und schenkt eine unvergleichliche Geborgenheit. Aussagen der Bibel haben mich vor Begegnungen sensibel gemacht oder ließen mich vorsichtiger agieren. Aber auch in größerer Freiheit handeln.

Sollten dir Ideen beim Lesen kommen, dann halte sie sofort schriftlich fest.

Was ist solch ein Altersbonus? In meinem Alter werden Komplimente ganz anders wahrgenommen.

Ich erinnere mich an eine junge gut aussehende Frau, die aber irgendwie traurig wirkte. Mein Eindruck war, dass sie eine kleine Portion Ermutigung brauchen könnte. Jeder Mensch hat etwas, was ihn befähigt, anderen damit zu dienen. Diese Frau sah nicht nur gut aus, sondern hatte zudem eine sehr angenehme Ausstrahlung. Ich fragte sie, ob ihr schon einmal bewusst geworden sei, dass beides ein besonderes Geschenk sei und sie damit Gott dienen könne. Natürlich war sie erst verdutzt, aber sie verstand, was ich meinte.

In jungen Jahren hätte ich so etwas zu keiner Frau gesagt. Auch an solchen sensiblen Stellen ist der Humor ungemein wichtig. Denn er verändert den Gesichtsausdruck. Der Humor ist wie ein Augenzwinkern, das klar verstanden wird, und unsere Falten können uns zu einer etwas anderen Freiheit verhelfen. Als »Faltenmann« kann ich einer Frau ein Kompliment machen, ohne Gefahr zu laufen, mit meinen Absichten missverstanden zu werden.

Zu ermutigen, macht Freude. Deshalb habe ich immer wieder einen lustigen Spruch auf den Lippen. Dabei meine ich nicht die platte Art, einfach einen Witz zu machen, sondern einfühlsam in eine Situation einzusteigen. Mich und andere richtig einzuschätzen, habe ich sicher schon als Kind durch die vielen Kundenkontakte gelernt. Ich gewann Menschenkenntnisse und kam mit schwierigen Menschen gut zurecht.

Im Beruf bin ich dann eine gestandene Persönlichkeit, wenn ich niemandem mehr etwas beweisen muss. Ich werde gelassener. Das ist eine Freiheit in reiferen Jahren.

Für vieles muss ich auch nicht mehr kämpfen. Die Prioritäten verschieben sich. Lebenszeit bekommt einen anderen Stellenwert, denn die Jahre werden kürzer, die mir zur Verfügung stehen. Qualität wird wertvoller als Quantität, denn ich kann nicht mehr unbegrenzt Zeit verstreichen lassen. Diese Einstellung hätte ich gerne früher gehabt.

Kennst du die Witze mit dem schwerhörigen Opa, der nicht reagiert, obwohl er es gehört hat? Das hat auch mit Freiheit zu tun – ich muss nicht auf alles reagieren. Größe und innere Freiheit zeigen sich, wenn ich etwas stehen lassen kann, was mich eigentlich hätte ärgern können.

Beziehungen zu pflegen, hat bei mir einen viel höheren Stellenwert bekommen. Dafür lasse ich Aufgaben etwas länger auf der To-do-Liste liegen.

Der Wunsch, mehr nach Gottes Vorstellungen zu leben, hat mit den Jahren noch mal zugenommen. Die Erfahrungen haben gezeigt, dass mein Leben in viel besseren Bahnen verlief, wenn ich ihn mehr einbezog. Ich kann mehr Zeit mit Gott verbringen, intensiver in seinem Liebesbrief, der Bibel, lesen und mich mit anderen Bibelschatzsuchern austauschen, auch das ist mit mehr freier Zeit leichter umzusetzen. Da helfen die gewonnenen Freiräume.

Wie viel MÜSSEN muss ich? Wie oft musste es schnell gehen und wie oft musste es immer mehr sein? Immer höher und weiter? Heute sage ich: Nö! Warum, wozu und warum gerade jetzt?

An meinen Jährchen genieße ich den »Persilschein« – die Urkunde einer gewissen Narrenfreiheit. Was früher eher peinlich war, finden andere bei Älteren sogar klasse.

Bei einem Straßenmusiker zu einer Melodie laut mitzupfeifen, ein Kompliment in der Öffentlichkeit zu machen. Das hat was von einem Lebenskünstler: Einem Menschen, der innerlich frei ist.[17]

Heute traue ich mich öfter, meine Meinung zu äußern, auch solche, die nicht windschnittig und im Zeitgeist segelt. Natürlich habe ich gelernt, wie man das macht – ohne zu verletzen, sachlich und natürlich, wenn möglich, mit Humor gespickt. Meistens gelingt mir das auch.

Was würdest du dich gerne trauen? Oder was lebst du schon an neuen Freiheiten, was in jungen Jahren vielleicht nicht denkbar war?

Mir hilft es, meine Gedanken aufzuschreiben und meiner Fantasie auf dem Papier freien Lauf zu lassen. Muss ich jede Freiheit nutzen? Nein, aber schon in Gedanken manches durchzuspielen, wie es wäre und wie die Reaktionen aussehen würden, macht Freude.

Neulich stieß ich auf YouTube auf ein Video, in dem Ältere anfingen, an einem Straßenklavier ein flottes Stück zu spielen. Die Passanten blieben stehen und waren entzückt.

WAS WÜRDEST DU DICH GERNE TRAUEN? Warum? Weil sie total überrascht waren und es diesen Menschen nicht zugetraut hatten, war die Freude groß.

Auf einem runden Geburtstag meiner Schwester tanzten meine damals fast achtzigjährigen Eltern Rock and Roll. Es war der Höhepunkt an diesem Abend. Noch heute, viele Jahre danach, kann ich mich darüber freuen. Wenn man älter ist, sollte man nur das lassen, was einem nicht mehr guttut, aber bei dem bleiben, was einem Spaß bereitet und noch geht.

Die Freiheit, etwas Ungewohntes auszuprobieren oder etwas zu tun, das sonst nur junge Menschen tun, will ich mir selber nicht einschränken.

Es lebe die Freiheit, es lebe das Leben! Oder wie der Rheinländer sagt: »Et kütt wie et kütt.« (Es kommt, wie es kommt, die Gelegenheit ist – jetzt!) Und vielleicht heißt es dann: »Do laachste dich kapott.« (Den Humor nicht bremsen.)

Diese Freiheiten überdecken die Falten. Automatisch suchte ich auf dem Weg, meine Falten zu lieben, nach den angenehmen und schönen Seiten – und ich fand sie.

Interessanterweise spielen die Sinne eine herausragende, positive Rolle. Von wegen, es dominiert alles, was nicht mehr oder nicht mehr so gut geht. Pah!

DEM ÄLTERWERDEN MIT ALLEN SINNEN BEGEGNEN

Das Leben ist bunt und reich an Eindrücken. Für jedes Sinnesorgan gibt es eine unvorstellbare Fülle von positiven Reizen, Anregungen und Freuden.

Je mehr ich mich auf die Sinnesorgane konzentriere und sie trainiere, desto mehr Eindrücke sind möglich. Desto intensiver kann ich hören, riechen, schmecken, sehen und fühlen.

Gerade im Alter lassen diese Sinnesorgane teilweise nach. Daher lohnt es sich, alles intensiver zu nutzen. Was schwächelt, muss gestärkt werden.

Mein Cousin Michael beispielsweise. Bedingt durch zwei schwere Unfälle hat er fast keinen Geruchsinn mehr, aber Tomatenblätter, die er zwischen den Fingern reibt, kann **WAS SCHWÄCHELT, MUSS GESTÄRKT WERDEN.** er riechen. Selbst wenn es nur das noch ist – schätze und genieße es, lass nichts aus. Es muss ja nicht immer so wenig sein wie bei meinem »Brüderchen«. *Du spürst, wir sind uns nahe.*

Lass uns diesem wunderbaren Erleben auf die Spur kommen, was Gott schenken möchte! Auf geht's!

Duft – eine Quelle alter Glücksgefühle

Wir beginnen mit dem Organ, das dir die schönsten Erlebnisse deines Lebens wieder in Erinnerung holen kann.

Schließe für einen Moment deine Augen und scanne deine innere Festplatte nach für dich positiven Düften ab. Nimm den ersten, der dir kommt. Die Düfte müssen neutral betrachtet nicht toll sein, aber die Geschichte, die wir mit dem Duft verbinden, ist vielleicht positiv.

Also, der Duft ist da – und jetzt? Was siehst du? Welches Erlebnis verbindest du mit diesem Geruch? Welche Farben, welche Temperatur, welche Umgebung, welche Menschen oder Tiere tauchen in deinem inneren Kino auf?

Als ich diese Frage in einem Seminar für Erzieherinnen gestellt hatte, da wurde mehrfach der Geruch von Benzin genannt. Die Teilnehmerinnen verknüpften mit dem Geruch an der Tankstelle Familienurlaube. Die Fahrt ans Meer oder in die Berge. Die Vorfreude auf Sonne, Sand und Meer oder frisch gemähtes Gras in den Bergen und den Geruch vom Bauernhof.

DÜFTE BRINGEN ERINNERUNGEN MIT DEN GLEICHEN GLÜCKSHORMONEN HERVOR.

Und dann geht's weiter ... den freundlichen Italiener oder das große Eis am See und die Spatzen, die sich die Reste der Waffeln holten. Geborgen, unbekümmert und glücklich träumst du dich zurück. Das Schöne daran ist, dass auch durch diese Erinnerungen wieder die gleichen Glückshormone ausgeschüttet werden wie bei dem Erlebnis damals, und dein Körper und deine Seele davon profitieren.

Bist du wieder da? Hast du das Buch mal zur Seite gelegt und bist in die Vergangenheit gereist? Gut! Schließlich ist es einfach schön, kostbare Momente der Vergangenheit zu heben wie einen

Schatz. Und da gibt es viele, du wirst noch sehen – in diesem Fall wirst du sie noch riechen.

Zum ersten Mal verliebt, was kommt da in dir hoch? Welche Düfte spielten hier eine Rolle? Wie duftete das Haar? Je nach Jahreszeit lag vielleicht ein anderer Duft auf der Wange? Wie roch es in der Wohnung oder dem Zimmer? Welches Essen gab's beim ersten Treffen – kommt hier wieder ein Duft zum Vorschein?

Vielleicht ist es auch der Duft des Bleistifts, den du gerade beim Lesen in der Hand drehst, weil du dir Stellen in diesem Buch anstreichst, denen Erinnerungen anhaften. Ich denke dabei an dieses schöne Gefühl, wenn ich in der Schule ein neues Heft anfing. Die ersten Seiten, bei denen ich mir immer besonders viel Mühe gab, schön zu schreiben.

Wenn ich so meinen Gedanken nachhänge, setzen meine Erinnerungen Dominosteine. Ein Stein nach dem anderen löst eine Kettenreaktion aus. So erinnere ich mich an den Duft der frisch gedruckten Matrizenseiten – und schwups bin ich gedanklich in den Bereichen der Grundschule, die angenehm waren.

»Kindheitsdüfte«

Viele unterschiedliche Kleidungsstücke gab es in den Sechzigern nicht: zwei verschiedene Lederhosen, eine kurze und eine dreiviertellange – wenn ich Leder rieche, dann fühle ich mich in den Frühling zurückversetzt. Sobald ich die langen Kniestrümpfe ausziehen durfte, war es Sommer.

Das Leben spielte sich dann wieder vermehrt draußen ab. Ich wohnte am Fuße der mächtigen Stolberger Burg, bei Aachen. Am Rand des alten Gemäuers spielten wir mit Murmeln oder hangelten uns auf dem Handlauf an der Burgmauer entlang. Die angewärmten, hellen Bruchsteine verströmten ihren speziellen Duft. Sogar den Geruch von Nebel liebe ich. Wir fuhren zu DDR-Zeiten immer entweder zur Frühjahrs- oder Herbstmesse nach Leipzig. Die Einreise war dann leichter. Frühmorgens war der Nebel auf dem Land vorprogrammiert.

Meine Mutter ist in einer Gärtnerei in Bösdorf, im Süden dieser schönen Stadt, groß geworden und schon meine Großeltern und Urgroßeltern lebten dort. In Stolberg gab es nur meine Kernfamilie und mich.

Für mich waren das große Gärtnereigelände und meine Großfamilie ein Ort des Glücks, der Geborgenheit, der Abenteuer und der Düfte. In Gedanken wandere ich über das Gelände und erinnere mich an all die Nuancen, die mit schönen Erinnerungen verbunden sind.

Eriken und Azalien brauchen saure Erde und die gab es draußen und in den Gewächshäusern zuhauf – im wahrsten Sinne des Wortes. Für die Nase gab es eine unendliche Fülle von anderen Gerüchen als in der Stadt.

Weil ich mich in Bösdorf so glücklich fühlte, gab es auch Düfte, die andere überhaupt nicht als schön oder angenehm empfinden würden. An der kleinen Treppe, die zum Heizungsraum mit der Holzkohlefeuerung und dem Gewächshaus hinunterführte, gab es einen schweren Riegel, der weggeschoben werden musste. Damit er gut lief, war er immer satt geschmiert. Und dieser Duft dort, eine Mischung aus Schmiere, dem Duft der Kohleheizung und der feuchten Blumenerde, ergab ein Gemenge, das mir bis heute wohl einer der schönsten Düfte ist. Dieser Wohlgeruch konserviert meine schönsten Kindheitserinnerungen.

Kennst du solche Aromen aus der Kindheit? Jetzt, wo ich gerade darüber schreibe, überkommt es mich wieder. Ein Kribbeln geht durch mich durch. Meine Augen werden feucht – vor Freude und

Glück. Ich möchte dieses »Parfüm der Kindheit« und den Moment satten Glücks festhalten und nicht wieder loslassen.

Ich wandere in Gedanken weiter auf dem Gelände. Im Nebengebäude duftete es nach Heu von den Hasen und ich nehme den Dung von Hühnern und Tauben war. Das alte Holz der Ställe, die Werkzeuge in den Ecken, ja und Würze aus dem benachbarten Plumpsklo – ein Gemenge, das nur durch die glücklichen Erinnerungen zu einem Wohlgeruch wird.

Dabei ist die alte Speisekammer mit dem Apfelkuchenambiente eine Klasse für sich – so lecker hat seither kein Vorratsraum mehr gerochen. Wobei ich mir vorstellen kann, dass ich spätestens an dieser Stelle eine ganze Heerschar von Leserinnen und Lesern mit verzückten Gesichtern vor mir sehe.

»Willst du ein Haus oder eine Wohnung verkaufen, backe vorher einen Apfelkuchen« – diese Empfehlung habe ich tatsächlich immer wieder mal gehört – da muss wohl was dran sein. Wahrscheinlich, weil viele Menschen mit Duft von Apfelkuchen positive Erfahrungen gemacht haben.

DIE ALTE SPEISEKAMMER MIT DEM APFELKUCHENAMBIENTE – EINE KLASSE FÜR SICH!

Wenn wir schon mal beim Essen angekommen sind, bei meiner Urgroßmutter roch es immer, wirklich immer, nach Kartoffeln. Und wenn ich dich fragen könnte, welches Essen du mit welcher Person verbindest, dann könntest du dieses Kapitel jetzt weiterschreiben – so viel gäbe es zu erzählen!

Tatsächlich wird der Duft von Kuchen meist mehr mit Gemütlichkeit verbunden als ein Mittagessen, selbst wenn du Kuchen nicht magst. Dazu eine Beispielgeschichte, bei der klar wird, dass ich einen Geruch mögen kann, aber das Essen selber nicht.

In meiner Familie gab es lange Zeit immer Brötchen zum Frühstück, frisch an die Tür geliefert. *Jetzt mögen bitte alle Ernährungs-*

73

spezialisten entweder schnell weiterlesen oder diese kurze Erklärung ganz überspringen. Die Brötchen wurden bei uns mit Butter beschmiert, dann in Kaffee oder Kakao getunkt, abgezutscht (*ja, so hieß das bei uns*) und mit der Restfeuchte in Zucker getüncht und dann gegessen – lecker! Natürlich trank ich keinen Kaffee, sondern Kaba, aber der Geruch von diesem gezuckerten Brötchen mit Kaffee – das hatte für mich eine himmlische Note. Ganz, ganz selten tütsche ich ab und zu heute mal ein Brötchen in Kaffee und bin dann gedanklich sofort wieder in der Kindheit.

Meine Eltern hatten, wie du schon gelesen hast, ein Blumengeschäft – nein, hier kommt mal keine Beschreibung für die Nase, aber bei Blumen hast du die »Nase immer voll« – nein, ich möchte auf ein anderes Erlebnis hinaus. Damals hatte dieses Geschäft zur Folge, dass meine Eltern lange Jahre nur den Samstag- und den Sonntagnachmittag frei hatten. In der Woche erst nach sieben Uhr abends – also Freizeit war Mangelware. Deshalb waren gemeinsame Ausflüge rar.

Bei der folgenden Erzählung muss ich jetzt alle Naturliebhaber bitten, die Zeit damals zu berücksichtigen. Denn Familie Barth und natürlich noch viele andere fuhren zum Autowaschen an einen Bach im Wald. Wir Kinder bauten Dämme mit Steinen und losen Holzteilen. Diese seltenen glücklichen Stunden steigen in mir hoch, wenn ich frisches Fichten- oder Kiefernholz rieche und den Geruch von Wasserquellen oder Bächen in die Nase einziehe.

Diese abgespeicherten Duftproben gilt es, aus den »Schubladen« zu ziehen und sich entfalten zu lassen.

Kostenlose Perlen, Powerfood oder Streicheleinheiten für die Seele – unterschätze nicht ihre Wirkung! Die Kraft der Erinnerung kann viel Gutes bewirken, heilen, aufbauen, ermutigen, trösten, Schlechtes neutralisieren oder einfach nur einen Moment guttun.

Meine Gärtnereierinnerungen und die damit verbundenen verdichteten Glückskonzentrate sind für mich bis heute eine nicht versiegende Quelle für tiefe Dankbarkeit und Wohlbefinden. Sehr oft genügt nur ein winziges Duftmolekül und ich fühle mich eingehüllt wie in eine Wolke voller schöner Empfindungen. Das

DIE KRAFT DER ERINNERUNG KANN VIEL GUTES BEWIRKEN.

schafft sogar der eher unangenehme Kohlegeruch in der Luft, weil mich der auch an die Besuche in der DDR erinnert.

Solche Erlebnisse können wir uns auch noch heute schaffen. Selbst wenn beim Älterwerden der Geruchssinn etwas nachlässt, wie anderes auch, braucht es eine konzentrierte Zugangsweise. Allein wenn ich um die Kraft der Düfte weiß, hilft mir das entschieden weiter, aber eins nach dem anderen. Lass uns gemeinsam die Freude und Intensivität des Lebens entdecken!

Sich mit Düften, die man mag, zu umgeben, hebt die Stimmung. Im anderen Fall, bei schlechten Ausdünstungen, natürlich nicht. Es ist leider so, »je länger wir jung sind«, desto mehr drängen sich unangenehme Veränderungen unseres Körpers in den Vordergrund. Wir können die Freude an unserem Body verlieren. Deshalb ist es wichtig, alle Sinne dazu zu nutzen, etwas dagegenzusetzen. Ein Oldtimer wird meist besser geputzt als das normale Alltagsauto. In diesen Autos wird meist nicht geraucht, weil sonst ein unangenehmer Geruch in die mühsam restaurierten Polster einzieht. Also achten wir doch genauso auch auf unseren Youngtimer-Body.

Wenn ich mich bewusster erlebe, bin ich mehr bei mir. Das Leben fühlt sich lebendiger an. Und Düfte sind ein ganz wichtiger

Faktor, über die Nase wieder mehr Positives an sich und der Umwelt wahrzunehmen.

Mit der Nase nicht nur durch den Tag

Wenn du deinen Tag oder besondere Orte vor deinem inneren Auge mit mir durchgehst, versuche bewusst darauf zu achten: Wo tauchen Düfte auf? Bei mir habe ich da einige Duftmomente entdeckt.

Morgens beginne ich meinen Tag in meiner Oase. Einem kleinen Raum ganz unter dem Dach. Hier rede ich mit Gott und hole mir Anregungen für den Tag oder Themen, die anstehen. Hier bete ich für andere. Zunächst öffne ich dazu mein Fenster und die Morgenluft begrüßt mein müdes Hirn. Die Kerzen sind aus Bienenwachs und duften deshalb angenehm.

Dann bereite meist ich das gemeinsame Frühstück vor und genehmige mir nach einem großen Schluck Wasser hin und wieder einen Espresso. Allein schon der Duft von Kaffee ist für mich ein guter Start in den Tag – wie für Millionen andere.

Wenn es das Wetter zulässt und die Wassertemperatur das Baden erlaubt, radle ich zum Baggersee. Lange ist mir nicht aufgefallen, dass das Wasser riecht! Wenn ich intensiv und konzentriert gerade so mit der Nase über der Wasseroberfläche tief einatme, nehme ich den Duft des Wassers wahr. Und beim Abtrocknen in der Sonne ist wieder ein anderer Duft auf meiner Haut und im Handtuch! Dann stehe ich einen Moment drin eingewickelt am Ufer, noch leicht feucht, suche nach anderen Düften in der Umgebung und genieße den Blick über den schönen, stillen See. Es stört mich selten jemand, denn meistens bin ich frühmorgens alleine. Die Luft kräftig mit der Nase einzusaugen, bringt immer deutlich kräftigere Duftergebnisse hervor.

Danach fahre ich mit dem Rad wieder zurück, das geht bei uns in der Rheinebene, bei Karlsruhe, ganz easy – alles ist potteben. Auf dem Weg zurück fahre ich an Feldern vorbei, dann kurz danach über einen tiefer gelegenen Fahrradweg am Waldrand, und in kurzen Abständen wechseln die Temperatur und der Duft ganz stark.

Zu Hause wartet auf meinen etwas ausgekühlten Body die warme Dusche – *alles zu seiner Zeit, auch das kalte Duschen* –, die ich mit einem seniorengerechten »Sprung« gaaaanz vorsichtig betrete.

Apropos: Willst du am Morgen schon ein Urlaubsfeeling? Dann benutze eine Feuchtigkeitslotion, die dich an ein Sonnenschutzmittel erinnert. Es ist unglaublich, wie du dich damit puschen kannst – da geht das Gefühlskino an.

Ich arbeite viel im Büro zu Hause und ich habe mir angewöhnt, wenn ich nach der Post schaue, kurz vor der Tür stehen zu bleiben und den Geruch der Luft kräftig einzuziehen. Egal, zu welcher Jahres- oder Tageszeit, da ist viel Abwechslung geboten. Ich ziehe die Luft tief durch die Nase ein und beachte den Unterschied: Wenn die Sonne scheint, bringt die Wärme noch einmal neue Duftkreationen hervor – auf der Haut, den Haaren und der Kleidung. Die Blumen duften intensiver.

Eine Duftparty kannst du übrigens auch in einem Kiefernwald erleben. Wenn am Seitenrand frisch geschlagene Stämme liegen – gehe bloß nicht daran vorbei! Hier würde dir nämlich eine fantastische Duftinszenierung entgehen. Der frische Kiefernharz ist von der Sorte: besonders wertvoll. Nimm dir Zeit! In der Waldluft sind positive Botenstoffe, die sich gesundheitsfördernd bei dir einnisten. Es konnte nachgewiesen werden, dass je mehr Bäume um ein Wohngebiet sind, bestimmte Krankheiten weniger auftraten. Gerhard Sprakties hat dies in seinem Buch näher ausgeführt.[18]

Oder probiere, Kräuter zwischen den Fingern zu reiben, sie düfteln dann besonders stark. Luther hat damit einen besonderen

Vergleich zum Gebrauch der Bibel gezogen: »Die Botschaft der Bibel entfaltet sich dann besonders intensiv, wenn sie immer und immer wieder gelesen und aufmerksam betrachtet wird, wie ein Kräutlein, das man zwischen den Fingern reibt.«[19]

Na, welche Duftstationen hast du bei dir entdeckt?

Ein Dufterlebnis der besonderen Art hatte ich im Land der Bibel.

Vor unserer ersten Israelreise fragte ich meinen ehemaligen Kollegen im Pfarramt Martin Rösch, der die Reise mit seiner Frau leitete: »Wie riecht Israel?« Das konnte er mir nicht sagen.

WELCHE DUFTERLEBNISSE SIND IN DEINER NASE WIEDER AUFGETAUCHT?

Nun, nach der Reise, verknüpfe ich den Geruch von Eukalyptus mit Israel. Am ersten Tag nach unserer Ankunft ging ich von der Unterkunft ein paar Schritte hinunter zum See Genezareth. Es war November, aber die Luft war lauwarm und ein kleiner Eukalyptushain lag dicht am Ufer. Diese Mischung, warme Abendluft, Eukalyptus und der See, ergaben ein Duftkonzert, das für mich mit zum Schönsten auf dieser Reise gehörte. Ich sehne mich nach dieser Stelle und hoffe, eines Tages wieder einmal dort stehen zu können.

Vielleicht sind es für dich die Dünen in Holland, die dir diesen besonderen Duftmoment erlauben, oder die Morgenstunden in den Alpen oder das Ufer am Mittelmeer oder die Wälder in Skandinavien? Egal, suche Duftoasen für deine Nase und du wirst dir ein inneres Paradies anlegen, das dir über manche schwierige Zeit hinweghilft.

Ich staune, wie viel Mühe sich Gott, der Schöpfer, gemacht hat, um uns das Leben so schön zu gestalten, sogar unserer Nase gönnt er schöne Erlebnisse.

Salbung in der Bibel mit Wow-Effekt

Darf ich dich mal was fragen? Wie viel hat dein teuerstes Parfüm gekostet, das du dir selbst oder jemand anderes dir geschenkt hat? Mehr als 100 Euro? Dann war das sehr viel. In der Bibel gibt es zwei Geschichten, die den Wert einer Person und die Bedeutung von Düften für die Erinnerung an wichtige Ereignisse erzählen – wirklich erstaunlich!

Da gab es eine Frau, die einem Mann eine duftende Kostbarkeit für ein komplettes Jahresgehalt geschenkt hat. Genauer gesagt, hat sie ihn mit ca. 400 ml eines unglaublich teuren Extrakts übergossen. Der war eigentlich dafür da, mit wenigen Tropfen viele Liter Parfüm herzustellen. Darüber haben sich die Leute ganz schön aufgeregt. Mit dem Geld hätte man viel für die Armen tun können. Was die Frau tat, wurde für so wichtig erachtet, dass ihr prophezeit wurde, dass Menschen immer dann, wenn über den Beschenkten und sein Leben gesprochen wird, an die Tat der Frau erinnert wird. Und dieser Blick in die Zukunft ist nun zweitausend Jahre her! Wer kann sich heute schon noch daran erinnern, was er zehn Jahre zuvor getan hat?

Kein Geringerer als Jesus war die beschenkte und mit kostbarstem Salböl übergossene Person. Das ganze Haus roch danach und das wahrscheinlich tagelang.

Maria aus Magdala, so hieß die Frau, tat etwas, von dessen großer Bedeutung sie selbst gar nichts ahnte. Sie wollte Jesus mit ihrer großzügigen Gabe ehren. Man nennt ihn auch den Messias, was übersetzt »der Gesalbte« bedeutet. Gesalbt wurden Könige und Priester. Und Jesus war beides: Priester, also Vermittler zwischen Gott und den Menschen, und auch König, denn ein König hat die Aufgabe, für sein Volk zu sorgen und es zu beschützen. Jesus bereitet den Menschen sogar die Zukunft für ein ewiges Leben vor. Sein

Tod war allerdings die Voraussetzung dafür. Deswegen wies Jesus auch darauf hin, dass diese Frau die Salbung für sein Begräbnis vorweggenommen hat.

Ein größeres Geschenk als das von Jesus kann es auf dieser Welt nicht geben: ewige Gemeinschaft mit Gott erleben zu können. Der Tod ist dann nur der Übergang zu höchster Erfüllung, tiefste Freude und Glück – ein Leben in Vollkommenheit. Leben ohne Leid, Schmerz und ohne die Angst, einen Menschen verlieren zu können. Keine Sorgen haben zu müssen, dass man selbst oder nahe Angehörige krank werden oder ihnen ein anderes Leid geschieht.

Für so einen König und Priester ist kein Preis für seine Salbung zu hoch. Durch ihn geschieht so Großes und Unfassbares, dass ein Jahreslohn für ein Pfund Salböl gar nicht der Rede wert ist. Die Geschichte findet sich gleich in drei Evangelien wieder: Matthäus 26,6-13, Markus 14,3-9 und Johannes 12,1-8, was die Wichtigkeit der Geschichte hervorhebt.

In unseren Sinnenprojekten, Ostergarten oder Weihnachtszeitreise oder »Menschen begegnen Jesus« setzen wir Düfte gezielt ein. Wie du gerade gelesen hast, verbinden sich mit Düften ganze Geschichten. Immer wieder wurden die Jünger und Jüngerinnen bei Bestattungen durch den Geruch von Salböl an die Handlung von Maria erinnert. Und zusammen mit den Erlebnissen von dem Tod und der Auferstehung von Jesus wissen sie: Der Tod hat nicht das letzte Wort.

Bei unseren Zeitreisen können Menschen die Erlebnisse vom Rundgang nochmals lebendig vor Augen haben, wenn sie den damit eingesetzten Duft riechen – im Auferstehungsbereich vom Ostergarten war es zum Beispiel Flieder.

Andere sehr bedeutende Stellen in der Bibel, in denen Düfte eine Rolle spielen, war das Rauchopfer im Innersten des Tempels oder die Salbung von David, lange bevor er überhaupt König wurde.

In einem Bibelfilm wurde die Handlung des Propheten Samuel an David gezeigt und es hat mich sehr beeindruckt und zum Nachdenken gebracht. Er goss wirklich viel von diesem Öl über David aus, es ergoss sich über das ganze Gesicht und sickerte in die Kleidung ein.

Du kennst das doch, wenn man was sehr Wichtiges erlebt hat und dann unsicher wird. »Habe ich das richtig gedeutet, hat das tatsächlich dieses Gewicht?« David musste richtig viel erleiden, bis er endlich König wurde und der Thron von Saul frei wurde. Da wird er gezweifelt haben. Aber ich könnte mir vorstellen, dass er sich dann an den starken Geruch des Öls **GOTT FINDET** erinnerte, das überall an ihm heruntergelaufen **UNS DUFTE!** war. Diese für alle Sinne erfolgte Salbung hat eine stärkende und für die Erinnerung wichtige Funktion. Das hat David mit Sicherheit Mut gemacht, weil er auf diese Weise Gottes Zusage untermauert bekam.

In manchen Gemeinden werden die Menschen nicht nur mit Handauflegung gesegnet, sondern auch gesalbt. Nicht so intensiv wie bei Jesus oder David, aber der Geruch bleibt noch eine ganze Weile in der Nase und kann so eine Handlung verstärken und vertieft erleben lassen.

Die biblischen Geschichten und die Erlebnisse rund um die Bedeutung der Düfte können uns eine Hilfe sein, sie bewusst einzusetzen – nicht nur für die Sauna und in den kalten Jahreszeiten.

Wenn wir etwas lernen oder behalten wollen, wenn wir bewusst Parfüm einsetzen, um zu unterstreichen: Ich bin geliebt! Ich bin ein wertvoller Mensch, weil Gott mich liebt. Ich brauche nicht erst etwas zu leisten, um anerkannt zu werden.

Der Duft kann uns daran erinnern, dass wir ein Wohlgeruch für Gott sind – weil er uns bedingungslos annimmt (2. Korinther 2,15). Wenn Gott den Duft seines Sohnes Jesus Christus als der

Gesalbte an uns wahrnimmt, dann freut er sich. Er freut sich, dass wir in Verbindung mit ihm sind. Er findet uns dufte!

Erinnerungen sind der Schatz im Alter. Schönes und Wertvolles können wir ins Gedächtnis rufen und profitieren so noch einmal von den Emotionen, die auch unsere Hormone in Wallung bringen. Aber auch wichtige Erfahrungen, die uns weise gemacht haben, können mit Düften zusammenhängen.

Geschmack – wie Schokolade und Bier mein Immunsystem stärken

Bist du direkt zu diesem Kapitel gesprungen?

»Gib's zu, kriegste ein halbes Jahr weniger« hat immer unser alter Berufsschullehrer bei den Floristen gesagt. Damit meinte er, dass wir offen und ehrlich sein sollen – mit strafmildernder Wirkung in Anlehnung an eine Gerichtsverhandlung. Egal wie, ich kann dich gut verstehen. Bier und Schokolade stärken das Immunsystem – für wen klingt das nicht wie Musik in den Ohren?

Vielleicht denkst du aber auch: »Jetzt spinnt der Barth total!« Lass dir gesagt sein, ich finde Unterstützung bei allen *(okay, fast allen)* Ernährungsberatern und Medizinern. Was nützt mir aller Verzicht und die Entsagung aller Leckereien, wenn ich dabei sauertöpfig werde? Niemand wird hier bestreiten, dass das Immunsystem happy über verkrampfte Asketen ist!

Ich spreche jetzt nicht von Menschen, die eine Allergie haben oder aus anderen gesundheitlichen Gründen absolut streng nach Diät leben müssen. Letztlich geht es immer um die Dosis – wie in der Medizin. Mir hilft jedes Kilogramm weniger, aber die Freude am Essen darf nicht auf der Strecke bleiben. Lieber wenig essen mit viel Genuss als viel essen mit anschließendem Verdruss. Diese Devise bezieht sich nicht nur auf Schokolade, Bier, Gummibärchen oder Lakritz. Alle Bereiche unseres Lebens sind hier gemeint. Wenn wir Glücksmomente erleben, dann werden gute Hormone ausgeschüttet und die wiederherum stärken das Immunsystem.

DAS IMMUNSYSTEM LIEBT KEINE VERKRAMPFTEN ASKETEN.

Das ist schon klasse, wie wenig es braucht, um hier Positives anzustoßen.

Aber so ist es im ganzen Leben: Gerade die kleinen Freuden machen es schöner und die sind meistens in unserer Nähe zu finden. Essen ist eine davon. *Wo ist die nächste Eisdiele? Eine Kugel, bitte mit drei Sorten gemischt, bitte ...*

Doch egal, ob du einen süßen Zahn hast oder lieber zur Chipstüte greifst – es gibt einen inneren Hunger, den jeder Mensch tief in seinem Inneren kennt.

Zu dem, was deine Seele braucht, kommen wir dann gleich. Über das Hören, Sehen und Fühlen können wir ihm schon etwas auf die Spur kommen.

Die Stille hören

Das Hören von Stille gehört in die Premiumklasse der akustischen Geräusche.

Ich nehme dich mal mit in unseren kleinen Garten hinter dem Haus. In der linken Ecke steht ein selbst gebautes Gartenhäuschen, in das du dich setzen kannst, wenn es regnet. Der größte Teil ist offen. An einer Seite ist eine hohe Hecke und auch sonst können nur die hineinschauen, die auf dem Balkon rechts oder links stehen würden. Ein gelber Sonnenschirm gibt in dem kleinen Wiesenfleck Schatten. Da wir das ganze Jahr über die Vögel füttern, ist immer was los.

Es gibt einen Morgen, der unterscheidet sich ganz entschieden von den anderen Tagen. Der Sonntagmorgen bis circa elf Uhr. In dieser Zeit sind fast keine Autos unterwegs, viele Menschen liegen noch in den Betten und auf der entfernten B 36 ist gähnende Leere.

RUHE UND STILLE SIND UNGLAUB-LICH KOSTBAR.

Keine Laster fahren und Baumaschinen schweigen ebenfalls. Das ist meine Lieblingszeit. Diese besondere Stille genießen meine Ohren und mein ganzer Körper scheint diesen »heiligen« Morgen in sich aufzusaugen. Ich entspanne, bin total glücklich und fühle mich beschenkt.

In der Regel lese ich die Bibel, eine Andacht, bete für andere und schreibe meine Gedanken auf, die mir in der Stille kommen.

Meine Eltern erzählten mir von ihren holländischen Freunden, die die Sonntagsruhe bestaunten – keine normale Geschäftigkeit, kein Einkauf – Ruhe – eine kostbare Stille.

Diese besondere Stille abseits aller Geräusche der Zivilisation finde ich nur in wenigen Waldabschnitten unter der Woche. Die Straßen sind leider oft nicht weit genug entfernt. Im Wald unterwegs halte ich immer wieder an. Auch keine Schrittgeräusche stören dann. Dann höre ich Natur pur. Vögel, das Rauschen der Blätter oder das gluckernde Wasser der Quellen.

Wenn richtig viel Schnee gefallen ist, der wie eine Dämmwatte über allem liegt, kann ich diese besondere Stille ebenfalls »hören«.

Tief in der Nacht, wenn du mal nicht schlafen kannst, kannst du auch »in Stille baden«.

Es gibt einen technischen Trick. Ich kann trotz spielender Kinder und sich unterhaltender Nachbarn so ein Erlebnis haben. Ich nehme meine Kopfhörer und suche mir Meeresrauschen, Waldgeräusche, Wasserbäche – Streamingdienste machen das leicht möglich – und schließe die Augen. Schon habe ich einen ähnlichen Effekt. Natürlich kann ich auch gut schließende Ohrstöpsel verwenden. Aber nichts geht über reine Naturtöne.

Wenn du an einem See, in den Dünen am Meer, in den Bergen oder an einem anderen Ort diese Stille hörst, dann halte inne, dann nimm dir Zeit, allein oder zu zweit zu schweigen. Ergreife diesen besonderen Moment und genieße.

Schwelge mit den Augen

Fotografen lieben das Licht am Morgen oder am Abend. Die Farben sind intensiver, wenn die Sonne nicht grell am Himmel steht. Sonnenuntergänge sind Momente, in denen es vielen Menschen gelingt, innezuhalten und zu genießen.

Vielleicht gehst du gerne raus, um abzuschalten, und nimmst dann oft denselben Weg. Kennst du die Gegend auch am Morgen oder am Abend? Wie sind die Wolken, wie die Farben? Siehst du den Himmel in Pastelltönen? Ist die Landschaft in rotes Licht getaucht? Hast du die Schatten auf dem Acker betrachtet oder wie das Licht durch zartes Grün bricht und einen Tautropfen auf der Spitze zum Glitzern bringt? Auf einem See kann es je nach Lichteinstrahlung funkeln, als würden überall Diamanten schwimmen. Beobachte auch die Schaumkronen der Wellen, wenn die Strahlen der Sonne sie durchbrechen.

Im Frühling, wenn die jungen, hellgrünen Blätter leuchten, sieht alles so frisch und neu aus. Im Winter, wenn der Frost den Schnee mit einem Netz von Kristallen überzogen hat, dann funkelt es auf ganz andere Weise, ebenso faszinierend.

Ich komme ins Schwärmen, wenn ich an das Pampasgras im Abendlicht denke. Ein Zauber für die Netzhaut. Wenn der Wind dazu noch leicht weht, dann kann ich mich kaum von dem Anblick lösen, so schön sieht alles aus.

SCHAUE GENAU HIN! Bei kleinen Kindern kannst du dieses Schwelgen lernen. Vieles sehen sie zum ersten Mal und freuen sich und staunen. Sie nehmen eine einzelne Blume war, die tanzenden Bienen vor dem Insektenhotel oder die Schnecke, die den Quellstein hochkriecht und genüsslich im aufquellenden Wasser badet.

Auch die Haut kann sehen. Sie ist außerdem unser größtes Organ.

Mit der Haut sehen – die Welt erfühlen

Wenn ich mit meiner Frau beim Einkaufen von Kleidung bin, dann nehme ich ihr die Sachen aus den Armen, damit sie besser »mit den Händen sehen kann«. Kleider oder Hosen werden nicht nur angeschaut, sondern auch mit den Fingern begutachtet. Ins Staunen kommen wir dann, wenn sich etwas ungewohnt oder überraschend anfühlt. Wie weich und anschmiegsam doch viele Kuscheltiere und gefütterte Jacken sind! Ein Messer oder ein Werkzeug liegt gut in der Hand und hat vielleicht einen interessanten Grip.

Ich habe ein Zehnjahrestagebuch, da schreibe ich kurz vorm Schlafengehen rein, was am Tag war oder besondere Vorkommnisse in der Welt, wie zum Beispiel den Tag, an dem die Queen starb. Das Buch ist aus Leinen. Grob und kratzig fühlt es sich an. Diesem Buch habe ich eine weiche Lederhülle gekauft, damit ich es gerne in die Hand nehme – ich will ja gut schlafen …

In den letzten Jahren sind die Barfußpfade wie Pilze aus der Erde gewachsen. Viele Menschen scheinen hier eine neue Sehnsucht nach »Erdung« zu haben. Es tut nicht nur den Füßen gut, wenn sie über unterschiedliche Untergründe laufen. Wenn ich jetzt schreibe, dass die Füße »mitsehen«, dann meine ich nicht die Hühneraugen! Der Wald ist für das »neue Sehen« sowieso die Adresse schlechthin. Tannenzapfen, Moos, unterschiedliche Rinden, Flechten an den Ästen, Pilze und kaltes Quellwasser ... – endlos lange könnte diese Aufzählung sein.

Fast überall kann ich angewärmte Steine betasten. Ich kann aber auch meine Fingerspitzen zum Kraulen einer Katze benutzen. Ein tolles Gefühl für die Haut, und für die Ohren bekomme ich noch ein Schnurren. Die weiche, warme Decke abends auf der Couch oder die ledernen Armlehnen des Relax-Sessels spüren. Wie herrlich fühlt es sich an, in so einen Sessel zu versinken, Beine hoch und ...

Bist du noch da? Okay...

Schon die ganz Kleinen sind ganz groß im Fühlen. Da kommt mir beispielsweise unser Enkel Andreas in den Sinn. Schon die ersten Greifausflüge gingen zu den langen Haaren seiner Mutter. Jetzt, mit fünf, geht Kuscheln nur, wenn die Hände in den Haaren spielen können.

Lucia, die Jüngste unserer Jüngsten, zwei Jahre alt, eifert ihrem Papa nach, der viel mit seinen Füßen greift und anstellt. Sie »sieht« sehr viel mit den Füßen, und wo immer es geht, läuft sie am liebsten ohne Schuhe und Strümpfe. Wie Augen, die hin und her schauen, bewegen sich ihre kleinen Zehen auf dem Boden.

Unser Großer, Jonathan, untersucht alles. Schon mit anderthalb hat er mit Händen und Füßen die Welt »erfühlt«, um herauszufinden, wie die Dinge funktionieren.

Aber auch wir Großen können richtige Gänsehautmomente in unserem Gefühlskino erleben.

Ganzheitlich erlebte ich den salzhaltigen Wind auf Gesicht, Armen und Beinen auf dem breiten Strand auf Amrum. Die Haut verschmolz mit der ganzen Natur um uns herum. Die Beine wurden nicht kalt, sondern alles prickelte auf unge-

RUHE UND STILLE SIND UNGLAUB-LICH KOSTBAR.

wohnte, aber schöne Weise. Gott hat Freude daran, uns für alle Sinne etwas zu bereiten. So empfinde ich es.

Und eigentlich ist es logisch, dass wir als Älte-re mehr auf der Haut spüren. Auf der glatten Haut eines Kindes perlt doch alles schnell ab, wobei bei uns die Falten viel mehr aufnehmen können…

Deine Seele mag Bio

Wenn unsere Seele wie ein Automotor reagieren würde, der Benzin statt Diesel bekam, dann würden wir schnell merken, dass wir die Seele falsch »befüllen«.

Unsere Seele braucht gesunde Nahrung, die sie aufbaut und ihr guttut. Sie will gestärkt werden, muss sie doch viel ertragen und auffangen. Geben wir ihr also gutes Futter.

Das Wort Seele wird oft genutzt, also gehen wir ihr mal kurz auf den Grund:

Der Ausdruck Seele hat vielfältige Bedeutungen, je nach den unterschiedlichen mythischen, religiösen, philosophi-schen oder psychologischen Traditionen und Lehren, in denen er vorkommt. Im heutigen Sprachgebrauch ist oft die Gesamtheit aller Gefühlsregungen und geistigen Vor-gänge beim Menschen gemeint. In diesem Sinne ist »Seele«

weitgehend gleichbedeutend mit »Psyche«, dem griechischen Wort für Seele. »Seele« kann aber auch ein Prinzip bezeichnen, von dem angenommen wird, dass es diesen Regungen und Vorgängen zugrunde liegt, sie ordnet und auch körperliche Vorgänge herbeiführt oder beeinflusst.[20]

So erklärt Wikipedia die Seele. Im biblischen Kontext ist Seele zuallererst mit »Atem« und »Geist« übersetzt. Hier handelt es sich um den Kern des Menschen – was ihn ausmacht. Die Krönung der Freude und des inneren Friedens findet die Seele aber nur bei Gott: »Mich dürstet nach Gott, nach dem lebendigen Gott. Wann darf ich kommen und ihn sehen?« (Psalm 42,3)

Dabei ist das ganz logisch und konsequent. Dort, wo der Ursprung meines Kerns ist, dort, wo der lebendige Atem, der Antrieb, sitzt – dort ist der größte Friede zu finden. Dort, bei dem Entwickler der Seele, werde ich genau das bekommen, was mir tatsächlich und nachhaltig guttut. Wenn ein Produkt entwickelt wurde, dann wissen die beteiligten Ingenieure, was man wie am besten behandelt und pflegt. Wir richten unser Leben ständig nach Experten aus.

WIR VERTRAUEN DEN INGENIEUREN, WARUM DANN NICHT AUCH DEM EXPERTEN FÜR DAS LEBEN – GOTT?

Alles soll möglichst perfekt sein. Perfekt ist ein inflationäres Wort geworden und manchmal kann ich es nicht mehr hören. Das Leben ist nicht perfekt und wird es nie sein – vielleicht hört es gerade schon dann auf, wenn man nach der Perfektion strebt?! Natürlich will ich mit einem Flugzeug fliegen, das sehr gut geprüft und in Ordnung ist, aber das ist noch einmal was anderes. Seit Langem bin ich mit oberflächlichen Angeboten für das Leben nicht mehr zufrieden. Denn wenn es um den Kern meines Lebens geht, kommen andere Maßstäbe ins Spiel.

Der mir das Leben geschenkt hat, weiß, wie ich es leben muss, damit es gelingen kann.

Der Rheinländer würde jetzt sagen: »Pass ob!« (Pass auf!) Der nachfolgende Satz ist bitte sorgsam im Ohr und den Gehirnwindungen zu drehen und zu wenden und bitte ganz langsam und sorgfältig im Kern deiner Seele zu platzieren. Jesus fasst in Johannes 10,10 sein Kommen und Wirken wie folgt zusammen: »Ich bin gekommen, um ihnen das wahre Leben zu bringen – das Leben in seiner ganzen Fülle.«

Wenn wir hier vom wahren Leben lesen, dann geht es um die beiden Worte »wahr« und »Leben« – wahr kannst du übersetzen mit: das wirkliche Leben oder das tragfähige Leben. Wer lebt, ist lebendig, reagiert, agiert, handelt. Es geht um ein Leben in seiner ganzen Fülle! Leben im Überfluss, ein gut gefülltes Leben, das am Ende auch lebenssatt macht, weil ich nichts vermisse.

Vielleicht hilft das Bild, dass wir Menschen ein Vakuum in uns tragen, das nur Gott füllen kann, weil wir für die Gemeinschaft mit ihm geschaffen wurden. Und erst, wenn wir ihn in unsere Mitte nehmen, kommt unsere Seele richtig zur Ruhe, in den vollkommenen Frieden. In einen Zustand, der sich rundum satt anfühlt.

Die Seele zuallererst von Gott füllen zu lassen, ist eine notwendige Haltung, damit wir das Leben in Fülle leben können.

Nun leben wir aber nicht nur für uns, sondern in Beziehung zu unserer Umwelt und anderen Menschen. Wir müssen auf Reize reagieren, die von außen kommen. Es gibt »Nahrung«, die uns guttut und andere, die uns krank macht. Seele, Körper und Geist sind untrennbar miteinander verbunden.

Wir haben nicht alles in der Hand, aber doch vieles. Was wir selbst dazu tun können, damit wir innerlich und äußerlich gesund sind, sollten wir tun. Es sind gerade die Kleinigkeiten, die das Leben im Alter lebenswert machen. Wir dürfen uns auch an den »materiellen Dingen« erfreuen. Das ist wie Gemüse und Eis. Niemand würde Eis als Hauptspeise sehen, von der man leben könnte. Aber Eis versüßt uns das Leben, wir genießen es.

Unsere Aufmerksamkeit können wir trainieren. Für das, wofür wir uns interessieren, bekommen wir schnell einen Blick. Wer Handtaschen liebt, wird sich über den neuesten Trend informieren, und so sieht diese Person schon von Weitem, welche Marke jemand trägt, oder beim Durchblättern oder Zappen im Internet wird sie wieder fast automatisch darauf stoßen. Wenn ich auf der Autobahn oder der Landstraße unterwegs bin, sehe ich schon von Weitem, ob mir ein Oldtimer entgegenkommt.

Unsere Aufmerksamkeit sollte auf dem liegen, was unseren Seelenhunger stillt. Was macht uns wirklich satt und zufrieden? Woraus besteht unsere »geistliche« und »geistige« Nahrung?

Was wünscht sich deine Seele?

Begegnung mit Gott? Momente der Stille und des Gebets? Ermutigende Bibelworte? Den Gottesdienstbesuch, die Predigt, das gemeinsame Singen, den Kirchenkaffee danach? Ein Gespräch mit einem vertrauten Menschen? Ein anregendes Buch, einen Vortrag oder Podcast zu einem aktuellen Thema, ein schönes Konzert, eine inspirierende Ausstellung?

Seelen-Win-win in unerschöpflicher Fülle

Wer aus dieser Gemeinschaft mit Gott lebt, der wird diese Liebe weitergeben wollen. Er möchte sie mit anderen teilen. Ältere sind deshalb oft glücklicher als Junge, weil sie dankbarer für die einfachen und kleinen Geschenke des Alltags sind.

In unserem Einkaufsmarkt habe ich mir angewöhnt, mir die Namen einiger Verkäuferinnen und Verkäufer zu merken. Jeder freut sich, wenn ein anderer sich die Mühe macht und sich den Namen merkt. Schon wenn ich reinkomme und an der Kasse vorbeigehe, rufe ich: »Guten Morgen Frau Hufnagel, Frau Nees« oder »Hallo Frau Hoffmann«. Ohne sich umzudrehen, weil ich es wirklich jede Woche so halte, rufen sie dann zurück: »Hallo Herr Barth!« Auch das ist schon kleiner Humor im Alltag, der guttut. Denn es wirkt wie ein Spiel und zaubert sofort ein Lächeln ins Gesicht. Der Alltag an der Kasse wird leichter empfunden und aufgewertet, weil sich die Person nicht nur als Abrechnungsmaschine erlebt. Wenn Verkäuferinnen die Ware einräumen, sage ich im Vorbeigehen: »Danke für das Herrichten« oder »Danke für das leckere Gemüse«. Meiner Seele tut es gut, wenn ich Dank verschenke, weil ich in dem Moment tatsächlich dankbar bin. Aber auch die angesprochene Person freut sich und bekommt ein wenig Seelennahrung.

Tiefer geht es, wenn wir ebenfalls beim Einkaufen oder auf dem Parkplatz mit einer Person ins Gespräch kommen und Anteil an deren Nöten nehmen. Da ich auf dem Parkplatz nicht die Ruhe für ein direktes Gebet habe, verspreche ich, dann zu Hause für meinen Gesprächspartner zu beten.

Eine andere Art und Weise, der Seele einer anderen Person zu helfen, kann darin bestehen, eine schwierige Sache anzusprechen und zusammen darüber lachen zu können. So litt unsere liebe Freundin, Beraterin und geistliche Mutter unter ihrer Demenz. Daran, dass sie so »blöd« sei, wie sie sagte. Ich habe ihr geantwortet: »Du bist doch nicht blöd, du bist höchstens dappig.« Wir haben beide gelacht, aber auch festgehalten, dass das nicht leicht ist, wenn man ständig was vergisst oder einem partout nicht das einfallen will, was man eigentlich ausdrücken möchte.

Damit du mich nicht falsch verstehst! Es ist schwierig, so ein Gespräch wiederzugeben, weil solche Gespräche sehr von der

Stimmung und der Situationen abhängig sind, was gerade geht und wie der andere drauf ist. Wir konnten trotz der traurigen Lage hin und wieder lachen. So sagte ich ihr: »Meine Liebe, sieh es mal positiv, wenn du noch weißt, was du mal wusstest, hast du noch nicht alles vergessen.« Die Schwere des Umstandes wurde nicht beiseitegeschoben und auch nicht beschönigt, aber der Humor sucht die Lücken, die es einem erlauben, einen kleinen Spielraum für die Freude zu entdecken oder wo es möglich ist, auch über sich selbst wenigstens mal kurz lachen zu können.

Ich erzählte ihr auch von mir, dass ich auch immer wieder etwas vergesse und dann sehr oft mehrfach in den Vorratsraum gehen muss, um es zu holen. Aber dann sagt meine Frau zu mir: »Hör mal, deine nötigen Schritte hast du heute noch nicht zusammen.« Ja, ich nehme es lockerer mit der Motivation, meine Vergesslichkeit jetzt als mein persönliches Fitnessprogramm zu sehen. Ich ärgere mich jetzt weniger über die zusätzlichen Wege, ich sitze sowieso zu viel.

Was wir uns am Ende dieses Kapitels für unsere Seele merken sollten:

Sie will und muss mit Gutem gefüttert werden. Vollkommene Sättigung erhält sie bei Gott alleine. Gott ist dabei verschwenderisch großzügig. Er will, dass wir das Leben in voller Genüge haben. Nicht nur ein bisschen, nicht nur ein paar Krümel vom Kuchen. Er gibt mit vollen Händen – sogar für die Ewigkeit.

Darüber hinaus wird unsere Seele aus vielen positiven Kleinigkeiten versorgt. Dafür können wir uns trainieren, den Blick schärfen und durch ständige Wiederholungen zu einer Gewohnheit werden lassen.

Den größten Gewinn haben wir dabei, wenn wir anderen Gutes tun, selbst wenn es nur eine Begrüßung mit Namen ist. Wenn wir geübt sind, werden wir spüren, dass wir mehr tun können, als wir anfangs gedacht haben.

LEBENSWERTES LEBEN – JA BITTE!

Es war ein besonderer Urlaubstag. Es regnete nicht die ganze Zeit – manchmal sind wir auch über einen Apriltag im August ganz froh. Am Ende des Tagesausflugs am Chiemsee fragte ich mich mit dem Blick übers Wasser und klarer Sicht auf grüne Berge: »Wie kann ich das richtig genießen und es ein wenig festhalten?« – »Dann fotografier halt!«, würde vielleicht ein forscher Bayer sagen. »Naa, des meun I net.« (Nein, das meine ich nicht.) Während ich diese Zeilen schreibe, ist es Abend und die Sonne spielt mit den Wolkenrändern und stellt dabei jeden Maler in den Schatten. Wie passend. Genau wie damals: Da erlebte ich einen Tag gespickt mit traumhaften Bildern, intensiven Gerüchen und romantischen Winkeln und wunderschönen Stellen auf der Fraueninsel und dem See.

MOMENTE SIND ZERBRECHLICH UND MANCHMAL IST ES BESSER, NICHT ZU FOTOGRAFIEREN.

Fotografiert habe ich auch – klar, aber sehr, sehr sparsam. Mehr noch habe ich die Motive von schwimmenden Booten inmitten von Minianlegestellen förmlich aufgesogen. Und die Wege dorthin – schöne Wege, nicht aus Stein oder Beton, sondern mit Gras bewachsen. Diese Momente sind zerbrechlich und manchmal ist es besser, nicht zu fotografieren.

So lasse ich den Tag wie einen Film an meinem inneren Auge vorbeilaufen und suche die Highlights. Die kleine historische Bimmelbahn bringt uns in gemächlichem Tempo zum Hafen, vorbei an schönen Häusern. Aber eines stach heraus und entlockte so manchem in der Bahn ein »Boah«. Ein Garten, so dicht und so bunt mit Blumen bewachsen, wie ich ihn selten gesehen habe. Ein Paradies für Insekten und Vögel und Menschen. Auf dem Schiff angekommen, bin ich wieder einmal erstaunt, welche Faszination und welchen Erholungswert Wasser hat. Ich mag keine Menschenmassen, aber heute konnte ich sie ausblenden.

Wenn ich bei meinem inneren Kinostreifen anhalte oder zurückspule, dann immer bis zu den vielen kleinen Anlegestellen auf der Fraueninsel. Das Wasser ist blau und klar und hat was Mediterranes an sich. An diesen Stellen erlebe ich Glücks- und Urlaubsgefühle. Ich erwähne diese Gefühle, weil diese sich still und heimlich bei mir davongemacht haben und nur noch selten auftauchen. Noch weit in meine Fünfziger kannte ich das Gefühl »Oh wie schön, heute habe ich Geburtstag!« und es verschwand erst mit dem nächsten Tag. Leider ist das seit ein paar Jahren nicht mehr der Fall. Umso mehr freue ich mich, wenn Gefühle wieder geweckt werden, die ich lange nicht mehr hatte.

Eine Möglichkeit zu genießen, habe ich neu entdeckt: Ich schreibe. Auf der Suche nach der passenden Formulierung kaue ich fast den Moment durch, der mir gefallen hat. Ich bin sensibel für den Augenblick, den ich in Buchstaben aufs Papier malen möchte.

Es lohnt sich, am Ende des Tages zurückzublicken und sich an dem zu freuen, was war. Mit wem hast du kurz gelacht oder einen Scherz gemacht? Gab's ein Kompliment oder konntest du eines landen. Ist dir eine Blume aufgefallen oder ist dir ein Lieblingsteil in die Hände geraten, an dem du dich freuen konntest? Genieße es – wenigstens ganz kurz – und lächle den schönen Moment, die sympathische Begegnung oder das leckere Essen an, als wenn es dir gegenübersäße.

Gott freut sich, wenn wir uns freuen und dankbar annehmen, was er uns zur Verfügung stellt. »Freue dich an dem, was du hast.« So wird im Buch Prediger in Kapitel 5 der letzte Abschnitt überschrieben. »… Es ist ein echtes Glück, zu essen, zu trinken und das Leben zu genießen. Das ist der Ausgleich für die ganze Arbeit, mit der sich der Mensch unter der Sonne abmüht. Das bleibt ihm in der kurzen Zeit seines Lebens, die Gott ihm geschenkt hat. Ja, das ist sein Anteil!« (Prediger 5,17; BB)

Irgendwie scheinen wir ein gespanntes Verhältnis zum Genießen zu haben. Mit mehr Arbeit haben wir weniger Probleme. Durch die Medien ist die Welt ein Dorf geworden und die Menschen, denen es nicht gut geht, scheinen gleich um die Ecke zu wohnen.

Aber wir dürfen genießen. Erst recht funktioniert es, wenn wir dafür sorgen, dass es anderen etwas besser geht. »Vergesst nicht, Gutes zu tun und mit den anderen zu teilen, denn über solche Opfer freut sich Gott« (Hebräer 13,16).

Unser Leben ist immer in Spannung, aber Daueranspannung macht krank.

Gott hat uns nicht als Arbeiter geschaffen, sondern als Menschen. Sonst hätte er diese Erde nicht so unglaublich schön gestaltet und sich entwickeln lassen.

Unsere Probleme haben wir zum Teil wegen eines Überangebots. Wir leben in der Spannung, umweltverträglich leben zu wollen, ohne Ressourcen zu zerstören oder von der Ausbeutung anderer zu profitieren. Deshalb halte ich es so: die Grenzen nüchtern anerkennen, negative Bilanzen für die nachfolgende Generation so gering wie möglich halten und wenn möglich etwas Positives dagegensetzen. Wenn ich meinen Beitrag geleistet habe, kann ich fröhlich genießen.

Es gibt so unendlich vieles, was kostenlos und ohne negative Folgen für die Umwelt für uns da ist. Wohltuende Momente, kleine Wunder mitten im Alltag. Wo verwandelt uns der Herr Wasser in Wein? In welchen Situationen, die vorher angespannt und schwierig waren oder ein Problem darstellten, erlebten wir Veränderung, Verbesserung oder einen Zugewinn in irgendeiner Form?

GOTT HAT UNS NICHT ALS ARBEITER GESCHAFFEN, SONDERN ALS MENSCHEN.

In jungen Jahren habe ich mir keine Gedanken gemacht, wenn ich eine körperlich anstrengende Arbeit vor mir hatte. Heute plane ich den nächsten Tag mit leichteren Arbeiten zum Ausgleich. Es gab Zeiten, da habe ich unser Haus mit seinen 44 Stufen hintereinander weggesaugt und gewischt. Das mache ich nicht mehr, sondern setze mich immer wieder mal hin oder trinke einen Kaffee zwischendrin. Anfangs hat mich das gestört, dass ich jetzt mehr Pausen brauche, aber heute genieße ich es. Mein Blick gleitet durch den Raum und ich freue mich an unserem schönen Haus und Garten. Gerade letzterer ist unser schönstes Zimmer. Natürlich macht auch er Arbeit, aber das Schnippeln an Sträuchern und Ästen entspannt. Seit ich mich durchgesetzt habe und einen Akkurasenmäher habe, macht mir auch das Stutzen einer Rasenfläche Spaß.

Auch mit Falten, also Einschränkungen und abnehmender Gesundheit, kann ich mein Leben als glücklich und lebenswert empfinden – damit bin ich nicht allein.

Der Neurobiologe und Hirnforscher Prof. Dr. Gerhard Hüther äußerte dazu folgende Erkenntnisse: Wenn es uns gelingt, einen nicht idealen Zustand in einen besseren zu verwandeln, entstehen Glücksgefühle. Wenn wir aus eigener Kraft einen Weg finden, und wenn er noch so klein ist, dann haben wir ein Aha-Erlebnis – geht doch! – und das macht uns glücklich. Gelingt es uns, wiederkehrende Erfahrungen dieser Art zu sammeln, dann kann sich die innere Einstellung ändern.[21]

In Hüthers Artikel fand ich für mich die Erklärung, warum viele Ältere glücklicher sind als Junge. Menschen in der Blüte haben meist nicht so viele körperliche Baustellen. Genauso wenig leiden sie an Einschränkungen, weil die Muskeln und Knochen stark, elastisch und leistungsfähig sind. Ihre Ausgangssituation verlangt nach einem größeren »Kick«, um glücklich zu sein – höhere Berge, weitere Horizonte. Ihre Grenzen sind körperlich weiter gesteckt.

AUCH MIT FALTEN KANN ICH MEIN LEBEN ALS GLÜCKLICH UND LEBENSWERT EMPFINDEN.

Ein Älterer mit engeren Grenzen kann viel schneller mit einem Aha-Erlebnis rechnen. Er kann sich viel eher an Kleinigkeiten freuen und dankbar sein. Außerdem hat ihn das Leben gelehrt, dass ein Rückschlag überwunden werden kann und nicht sofort ein Ende bedeutet. Es geht weiter, auch wenn es nicht optimal ist, und es braucht kein »perfektes« Leben, damit es Freude bereitet.

Glücksgefühle, so Hüther, sind wiederum Dünger für das Gehirn. Eine Win-win-Situation also, die wir gerne in allen Bereichen hätten. Im nächsten Kapitel geht es um ein Miteinander, das für beide Seiten Vorteile hat.

Win-win-Gemeinschaft mit der Jugend

Wer keine Enkel hat, muss dieses Kapitel nicht überspringen, denn die nachfolgenden Beobachtungen sind nicht abhängig vom Familienstand. Sie sind allgemeiner Natur. Immer wieder habe ich festgestellt: Ich profitiere von den Kontakten mit Kindern und jungen Menschen. Gerade im privaten Bereich wird schnell eine Win-win-Situation erreicht, wie etwa im Großeltern-Enkelkind-Verhältnis, in dem beide Seiten voneinander lernen können.

Als ich anfing, mich an diesem Abschnitt des Buches schriftlich auszulassen, waren meine Enkelkinder Jonathan sechs, Andreas fünf und Lucia eineinhalb Jahre alt. Wie in fast jedem Bereich spüren wir das Älterwerden auch hier, im Umgang mit den Kleinen, nur dass es erfreuliche Nebenwirkungen hat. Die allgemeine Fitness kommt auf ihre Kosten, auch im Kopf. Da meine Frau in den vergangenen Jahren mit ansehen musste, wie ihre gesamte Familie wegstarb, war ich froh, als sich der Trend mit dem ersten Enkel wendete. Viele Jahre kannst du beobachten, wie Neues sich im Leben des kleinen Erdenbürgers ereignet. Ein Stück weit siehst du die Welt wieder mit anderen Augen. Am Strand, auf Spielplätzen oder vor dem Haus kann hier jeder schöne und interessante Beobachtungen machen.

ICH PROFITIERE VON DEN KONTAKTEN MIT KINDERN UND JUNGEN MENSCHEN.

Nicht alle jungen Familien haben ihre Großeltern in der Nähe und wären glücklich über Entlastung. Eltern und vor allem die Kinder freuen sich über neue Kontakte und über »Ersatzgroßeltern«. Und man selber hat nicht nur eine wertvolle Aufgabe, die einen ganzheitlich fordert, sondern erlebte, die Welt neu durch Kinderaugen zu sehen. Allein schon einfaches Herumalbern und Blödsinnmachen regt so viele Muskeln an, dass dabei auch das Gehirn auf seine Kosten kommt. Emotionen aus der Vergangenheit können reaktiviert werden und wenn ich mit den »Enkeln« spiele, dann denke ich gerne an eigene Erfahrungen zurück. Aber auch Erinnerungen aus der eigenen Kindheit steigen wieder auf und es wird wieder aktuell, was ich früher einmal gespielt habe.

Außer dem Toben lieben es meine beiden »Großen«, wenn ich spontan Geschichten erzähle. Ich habe dazu eine fiktive Figur meines Vaters wiederbelebt. Schon meine Kinder liebten sie. Er erzählte vom kleinen Muck, der eine Mischung aus Däumling und James Bond ist, also technische Raffinessen gepaart mit Spezialeffekten, zum Beispiel fliegt er mit einer seiner Superdrohnen, in der er selber drinsitzen kann. Sobald ich anfange zu erzählen, gehen die Augen in die Ferne und die Geschichte spielt sich im Kopf der Kinder ab. Stimmen verschiedener Personen werden eingebaut und machen die Geschichte spannender und lustiger. Sie sitzen dann rechts und links in meinen Armen – Geschichten mit Tuchfühlung. Die kleinen Hände spielen dann mit meinen Fingern, während sie gespannt zuhören.

Das Gleiche passiert natürlich auch, wenn ich aus Bilderbüchern vorlese. In diesen besonderen Momenten geschieht so viel, was für beide Seiten gleichermaßen angenehm ist.

Selbst die kleine Lucia begreift schnell, was nur Quatsch ist, und zieht genauso Grimassen. Diese Erlebnisse schaffen Vertrauen und die Kinder werden sich wahrscheinlich ein Leben lang daran erinnern, weil es »heilige« Momente waren.

Angenommen, du züchtest Bienen, dann könntest du in Schulen oder Gemeinden anbieten, Kindern die Bedeutung der Bienen für unser Leben mit allen Sinnen nahezubringen. Andere kennen sich mit Pflanzen in Wäldern gut aus und stellen die Wichtigkeit von Kräutern und sogenanntem Unkraut heraus.

Die Gemeinschaft mit Kindern weckt in uns neue Lebensenergie und hält uns selbst jung. Und die Kleinen lernen und profitieren von uns, die wir einfach schon länger jung sind.

Geselligkeit und die positiven Folgen

Wir Menschen brauchen die anderen Homo sapiens. Wir sind daraufhin angelegt und das hört nie auf. Im Alter müssen wir aufpassen, dass wir kontaktfreudig bleiben. Denn die Falte Abschied gehört dann zu einer regelmäßigen Erscheinungsform. Freunde und Familienangehörige scheiden aus dem Leben. Deshalb ist es wichtig, dranzubleiben und auch neue Menschlein kennenzulernen. Unsere Kinder ziehen vielleicht weiter fort? Gesundheitliche Einschränkungen machen unsere Wege kürzer und immer öfter sind wir zu Hause allein.

Mein Vater ist nun schon einige Jahre tot und meine Mutter lebt alleine. Ihr gelingt es mühelos mit über 88, noch neue Freundschaften zu knüpfen. Als Geschäftsfrau musste sie auf fremde Menschen zugehen können und es lag ihr und kommt ihr jetzt immer noch zugute.

Meine Eltern gehörten zu einem »Klübchen« – einer Clique mit fünf anderen Ehepaaren. Sie trafen sich reihum in den Häusern. Neben meiner Mutter lebt nur noch eine Frau, die dazugehörte. Früher war das Haus voller Leben und ich freute mich, wenn das Klübchen zu uns kam. Es wurde unglaublich viel gelacht. Wie gut ist es dann, wenn man auch noch im Alter neue Kontakte knüpfen kann, wenn alte Weggefährten sich verabschieden.

NIE AUFHÖREN, NEUE KONTAKTE ZU KNÜPFEN. Meine Mutter hat so viele soziale Kontakte in ihrem Umfeld, dass sie nicht in die Gegend meiner Schwester oder zu uns ziehen möchte. Sie weiß, wen sie fragen muss, wenn es irgendwo klemmt, und immer wieder erzählt sie, mit wem sie wieder gesprochen oder sich getroffen hat. Wer ausreichend soziale Kontakte hat, der lebt schon mal gleich ein paar Jahre länger. Diese Erkenntnis gehört schon fast zum Allgemeinwissen. Ein großer Segen ist der digitale Kontakt, den meine Mutter so weit beherrscht, dass sie selbst Nachrichten und Fotos verschicken und sich an den Fortschritten der Enkel und Urenkel freuen kann.

Die großen Sinnenprojekte ließen bei uns lange Zeit kaum Raum, neben der Familie und der Betreuung von alten Verwandten Freundschaften zu pflegen. Bei uns sind es sehr wenige intensive Freundschaften. Aber sie sind unverzichtbar. In der Zeit der Pandemie ist die Bedeutung von guten menschlichen Kontakten in jeder Generation noch wichtiger geworden.

Auch für »Herbstfreundschaften«, wie es unsere Freundin Bianca mal ausdrückte, ist es nie zu spät.

Ganz bestimmt kennst du den Satz: »Wir sollten uns wieder einmal treffen!« Wir versuchen diesen Satz zu vermeiden und direkt einen Termin auszumachen. Nicht unverbindlich bleiben. »Mitte Mai rufe ich dich an, dann machen wir einen Termin aus« oder »Lass uns schauen, wie das Wetter nächsten Sonntag ist. Wenn es trocken ist, dann treffen wir uns oben im Schwarzwald« – anders wird's meistens nix.

Besonders wertvoll empfinde ich Freundschaften, die schon Jahrzehnte bestehen. Gemeinsame Wegstrecken mit vielen schönen Erinnerungen und Glücksmomenten sind wie ein prall gefülltes Konto ohne Kursschwankungen. Wohltuende Gefühle in der Vergangenheit können mit diesen lieben Menschen wiederbelebt werden und so auch noch nach Jahren die gleichen Glückshormone wie damals produzieren.

Freundschaften stärken das Immunsystem

Menschen, vor denen ich offen denken kann, bewahren mich davor, dass sich negative Gedanken festsetzen und sich in meinem Inneren unkontrolliert ausbreiten. Sonst drückt das nur auf die Stimmung und darunter leidet dann auch mein Immunsystem.

Manchmal sage ich scherzhaft: »Über fünfzig sollte das Gesprächsthema Krankheit verboten werden.« Das geht nicht immer, aber im Zaum halten schon. Kennst du noch die Werbung, in der ein Freund sich mit einem anderen nach langer Zeit wieder trifft und Fotos auf den Tisch haut: »Mein Haus, mein Boot, mein Auto …«? Wenn man älter wird, heißt es dann: »Meine Physiotherapeutin, meine Fußpflegerin, mein Hörgeräteakustiker …«.

MEINE PHYSIOTHERAPEUTIN, MEINE FUSSPFLEGERIN, MEIN HÖRGERÄTEAKUSTIKER …

Ja, ja, wenn ich einen Tipp erhalte, wo mir geholfen werden kann oder wie meine Schmerzen reduziert werden können, ist das natürlich gut. Als unsere Kinder klein waren, machten wir das auch: »Zu welchem Kinderarzt gehst du?« oder »Wo kann ich mein Kind zum Schwimmkurs hinschicken?«. Nur waren diese Adressen und Tipps immer aufbauend, es ging nach vorne, die Kinder wuchsen – das war positiv besetzt. Beim Älterwerden geht es um Schadensbehebung oder zumindest um -begrenzung.

Wobei es doch auch Lebensqualität ist, wenn mir eine Freundin oder ein Freund die Angst vor einer OP nimmt. Ich will es nicht wegreden, dass unser Leben durch den körperlichen Abbau eine andere Wendung nimmt. Aber soll ich den großen Sprüngen nachtrauern, wenn ich noch kleine machen kann?

Eine ganz neue Form von intensiver Freundschaft lernten wir im Europa-Park kennen, als wir mit langjährigen Freunden zusammen waren und wieder wie Kinder wurden. Wir hatten im Freizeitpark einen Ostergarten – dort hieß er: Treffpunkt Jerusalem – abgebaut und freuten uns über den Erfolg und Segen, den wir bei diesem Projekt erlebt hatten. Wir waren in Feierlaune und vergnügten uns im Park. Gut gelaunt blödelten wir in der Wasserbahn, in der Warteschlange, beim Bummeln herum – scheinbar sinnloser Quatsch. Am Ende des Tages hatten wir jedoch den Eindruck, auf einem ganz neuen Level unserer Freundschaft angekommen zu sein.

Ich sage dir, lass keine Chance aus, wenn es die Möglichkeit gibt, miteinander Unsinn zu produzieren. Treibt Schabernack, redet mal Nonsens, feixt und freut euch des Lebens. Trefft euch zum Witzeerzählen, hol die Klampfe (Gitarre) oder Mundharmonika raus und trällert alte Lieder.

EINFACH MAL BLÖDELN UND IM NONSENS LEBEN.

Hast du schon lange nicht mehr »Mensch ärgere dich nicht« gespielt? Dann haut euch mit Freude aus dem Spielfeld. Oder nimm den Wackelturm und freue dich wie ein Kind, wenn der Turm bei dir immer noch steht, wenn du gerade dran warst.

Hast du jetzt ein Bild im Kopf, dann mache Nägel mit Köpfen, greife zum Telefon oder schreibe eine Einladung ins Smartphone. Die zweckfreien Kontakte und Treffen sind ungemein wohltuend und einem ernsten Gespräch gleichwertig und manchmal auch überlegen.

Wenn du Gott wärst, würdest du nicht auch deine Freude daran haben, wenn deine Menschen Spaß haben? Leid sieht Gott genug und er leidet genug mit, aber er freut sich auch mit, davon bin ich überzeugt.

Jesus ist mein bester Freund. Das klingt vielleicht in deinen Ohren platt, aber so empfinde ich es. Gott liebt es, wenn wir Menschen mit ihm sprechen, und durch die Bibel kommuniziert er am meisten mit uns. Diese Nähe und diese Vertrautheit mit meinem Gott empfinde ich als ganz großes Glück. Ein großes Geschenk, für das ich sehr dankbar bin. Es gibt meinem Leben eine sehr hohe Qualität.

Luther hat diese Beziehung auf besondere Weise gelebt, weil er ganz tief in der Bibel gegraben hat und dort Gott sehr nahegekommen ist. In seinen Schriften und Gebeten, die wir kennen, hat man den Eindruck, Luther hat Gott gegenübergesessen – ganz real, ganz nah. Das Wissen um seine tatsächliche Präsenz gibt meinem Leben Halt, Tiefe, Hoffnung und Geborgenheit. Ich weiß mich aufgehoben, egal, was kommt! Er kennt unsere Falten und weiß um den Ausgleich, den wir brauchen. Seine Nähe glättet so mache Falte!

Hauptsache gesund? Schmerz lass nach!

Dahinter steckt der Glaube, dass ich glücklicher bin, wenn ich gesund bin. Aber das stimmt nicht. Wer immer gesund ist, weiß das oft nicht zu schätzen. Wer keine Schmerzen kennt, ohne Einschränkungen essen oder durchschlafen kann, kann sich nur schwer hineinversetzen, wie es ist, von chronischen Schmerzen geplagt zu werden und Essen und Schlafen zur Qual werden. Wie auch? Wer erlebt hat, wenn es nicht rund läuft, der weiß, was er hat, wenn es ihm gut geht.

DAS LEBEN SCHÄTZEN LERNEN DURCH KRANKHEIT UND SCHMERZEN.

Verstehe mich bitte nicht falsch: Ich bin gerne gesund, beziehungsweise wäre es gerne, aber ich empfinde mich trotzdem nicht als unglücklich, und auch statistisch sind kranke Menschen nicht unglücklicher. Selbstverständlich gibt es Tage, da machen die Schmerzen mich mürbe und nehmen mir die Kraft. Dennoch dürfen Krankheit und Schmerzen keine Macht über mich gewinnen.

Der Schriftsteller André Gide sieht in Krankheit einen Schlüssel, um wichtige Seiten unseres Lebens zu verstehen. Er habe keinen, der unerschütterliche Gesundheit hatte, getroffen, der nicht auf irgendeiner Seite beschränkt gewesen wäre – wie einer, der nie gereist ist.[22]

Mit dem Instrument Humor in seiner unterschiedlichen Gestalt kann ich Schmerzen leichter ertragen und den Blick vom Leid abwenden.

Am Ostersonntag wird in Kirchen manchmal das Osterlachen praktiziert – es wird gelacht, vielleicht von einem Witz ausgelöst, aber es geht darum, den Tod auszulachen. Hierbei wird dem Negativen die Macht genommen. Denn schnell kann sich alles nur noch um die Krankheit und den Schmerz drehen und es wird dadurch nur noch schlimmer. Dass dafür Fingerspitzengefühl gefragt ist, brauche ich dir nicht extra zu erzählen. Selbst auf Beerdigungen sollte, wenn möglich, ein wenig Humor vorkommen. Denn das Leben des Verstorbenen bestand meist aus der ganzen Bandbreite des Lebens.

Nichts im Leben ist selbstverständlich und niemand hat ein Recht auf Gesundheit. Deshalb haben Krankheiten nicht ausschließlich schlechte Auswirkungen, sondern können neue Einsichten schenken, die Geduld vergrößern, dankbarer machen und Verständnis für andere fördern. Krankheit kann eine Charakterschulung sein und manchmal fördert sie auch den Glauben.

Krankheit bietet die Chance, neue Seiten des Lebens zu entdecken, die man so nicht gesucht hat, aber die sich jetzt ergeben. Damit entmachte ich in gewisser Hinsicht das negative Image.

Hauptsache gesund – nein, nicht um jeden Preis. Tapfere Kranke können anderen etwas geben, was ein Gesunder nicht geben kann: Mut, das Leben scheinbar unvollkommen zu leben. Andere

Leidtragende werden dadurch getröstet und Gesunde lernen vielleicht Gesundheit mehr zu schätzen und sind dankbarer.

Das Vorbild kann selbst dann noch wirken, wenn die Krankheit überwunden wurde. Die Erinnerung an das mit Geduld getragene Leid kann Menschen stärken, wenn sie selber betroffen sind.

Vielleicht hilft der nachfolgende Spruch von Phil Bosmans: »Humor und Geduld sind Kamele, mit denen wir durch jede Wüste kommen.«[23] Aus so einem Bild kann ich Kraft und Mut schöpfen.

Dauerhafte Veränderungen zu akzeptieren, schafft Raum für die Kraft, die ich brauche, damit zu leben. Chancenlos dagegen anzukämpfen, nimmt mir die innere Motivation positive Ansätze zu finden, damit zu leben. Zu wissen, dass ich mit einer Krankheit glücklich leben kann, entspannt. Hier keimt Hoffnung und die gibt die nötige Energie, die ich brauche.

HUMOR UND GEDULD – KAMELE, MIT DENEN WIR DURCH JEDE WÜSTE KOMMEN.

Ein großes Vorbild für mich und viele andere ist Mary. Eine Frau, die durch ihre MS-Erkrankung mit vielen Einschränkungen und sehr schmerzhaften Spastiken leben muss. Sie kennt sich mit den besonderen Falten aus. Sie ist Künstlerin. Sie schafft Miniaturen aller Art. Ich erinnere mich an eine Bibliothek mit vielen Hundert Büchern, nur 1–2 cm groß, aber so echt, so real, dass es einem die Sprache verschlägt. Im Rahmen unserer »Mensch Luther«-Zeitreise baute sie zwei Lutherstuben. Eine ganz kleine für die Werbung. Eine andere für die Ausstellung. Die Stuben sind so gestaltet, als wenn Luther mal fünf Minuten vor die Tür gegangen wäre.

Warum der Vorlauf? Wenn sie besonders viele Schmerzen hat, dann arbeitet sie an ganz diffizilen Miniaturen, weil diese sie von den Schmerzen ablenken. Beim letzten Anruf – sie hatte gerade wieder einen Schub und musste vor Schmerzen immer wieder die

Luft anhalten – erzählte sie mir, sie habe sich mit dem Rollstuhl angefreundet. Lange hatte sie sich dagegen gesträubt. Der neue Rolli, den sie kaufen konnte, sei richtig g...l, sogar ihr Mann würde sich ab und zu reinsetzen. Der rolle so gut. Beide haben es mit der Krankheit nicht leicht und trotzdem strahlen sie das pralle Leben aus. Die zwei haben ein großes Herz und wir treffen sie gerne.

Leid kann eine Tiefe hervorbringen und den Charakter so prägen, dass andere staunen. Solchen Menschen bin ich immer wieder begegnet. Geprägt von schwerer Krankheit, aber nicht verbittert, wurden sie milde, tiefgründig und sehr herzlich. In der Nähe solcher Menschen gewinnt das eigene Leben selbst eine größere Tiefe und Freude.

Und Gott sei Dank! Egal, was passiert: »Ich bin in seiner Hand!« Mein Leben hat einen festen Grund, der mich stark sein lässt. Mit ihm habe ich eine Zukunft und eine Hoffnung.

Wer rastet, der rostet – buchstäblich

Also, wenn mir ein Sprichwort in den letzten Jahren plastisch vor Augen stand, dann dieses.

Ich sehe vor mir eine rostige Fahrradkette, die Jahrzehnte nicht genutzt wurde. Die einzelnen Glieder fest miteinander verbunden und wenn sie doch bewegt werden, dann gehen sie kaputt. Wenn eine Fahrradkette nicht geölt und bewegt wird, dann steht es bald sehr schlecht um sie.

Ehrlich, wer will so einer alten Kette gleichen? Und doch gibt es Bereiche in unserem Leben, die wir zu wenig im Blick haben und uns zu wenig drum kümmern. Manches lässt sich nicht mehr korrigieren.

Bevor ich tiefer einsteige, noch ein Bild, das mir geholfen hat, achtsamer zu werden.

Wenn ich zu wenig Wasser trinke, vertrocknen dabei meine Zellen und meine inneren Organe sind »not amused« (nicht erfreut). Ihre Arbeit leidet darunter. Könnte das Gehirn mit mir reden, dann würde es sagen: »Du spinnst wohl, wie soll ich denn hoch konzentriert arbeiten, wenn mir Flüssigkeit fehlt?!«

Ich helfe meiner Motivation damit auf, dass ich Dinge »sprechen« lasse. Denn eine positive Korrekturansage hat einen größeren Erfolg als eine negativ formulierte Ansage.

Unser Gehirn ist ein Leben lang, wenn es nicht krank wird, für Neues aufgeschlossen und bereit – warum es also nicht fordern? Um es zu beleben und Reserven zu nutzen, muss es trainiert werden. Das Gehirn arbeitet ähnlich wie ein Muskel. Dieser muss angespannt und immer wieder belastet werden, das Gehirn entsprechend gefordert werden – dazwischen eine Ruhephase für den Muskelaufbau, die Abspeicherung im Gehirn. Wiederholungen festigen den Vorgang. Am effektivsten arbeitet es, wenn beide Gehirnhälften gleichzeitig genutzt werden.

Wer mehr wissen will, findet eine Fülle von Büchern zu diesem Thema.

Ich war erstaunt, wie es die Pandemie geschafft hat, mich teilweise auszubremsen und mich in meiner Beweglichkeit einzuschränken. Ich saß zu viel und wachsender Bauchumfang brachte eine Menge »Rost« mit sich – Schuhe zubinden, eine anstrengende Aufgabe. Ich fühlte mich wie so eine anrostende Fahrradkette, die sich nicht mehr geschmeidig drehen ließ. Ich könnte auch sagen, meine Falten haben sprunghaft zugenommen.

ROSTIGE FAHRRAD-KETTE – NEIN DANKE!

Irgendwo habe ich gelesen, dass 20 Minuten Treppensteigen mehr verbraucht als 40 Minuten Joggen. Also schimpfen wir nicht mehr über Treppen.

Es gibt unglaublich viele Angebote, um körperlich fit zu bleiben. Wähle aber nur den Sport, der dir Freude bereitet, denn das ist die Garantie, dass du auch dranbleibst. Eigentlich logisch – eigentlich!!

Mein Vater war für viele ein Vorbild. Bis kurz vor seinem Tod, mit achtzig Jahren, war er sportlich aktiv. Sein Leben lang hat er sich intensiv bewegt. Als er eine künstliche Hüfte brauchte, war er ganz schnell wieder flott, ohne zu hinken, weil er durchtrainiert war. Es gab keine Phase ohne Sport in seinem Leben. Diese Gewohnheit machte es ihm leicht, dranzubleiben.

Dort, wo mir etwas schwerfällt, bitte ich Gott und enge Freunde um Unterstützung.

Grundsätzlich gilt: Bei Gott gibt es keinen aussichtslosen Rost-Kandidaten.

Umgang mit dem inneren Schweinehund

Es gibt einen Hund, den solltest du nicht füttern: den inneren Schweinehund. Was, du kennst den inneren Schweinehund, den ISH, nicht?

Das ist das Viech, das dich immer hindern will, Aufgaben zu erledigen, die dir schwerfallen oder unangenehm sind. Wichtige Vorhaben wie andere Essensgewohnheiten oder mehr Bewegung gefallen dem nicht. Schon in jungen Jahren werden wir von wichtigen Vorhaben abgelenkt, wie mehr zu lernen oder uns mehr zu engagieren. Wenn wir älter werden, dann können Müdigkeit,

Schmerzen oder allgemeine Kraftlosigkeit uns davon abhalten, uns mental oder körperlich zu bewegen.

Mein Lieblingsschwager – ich habe nur einen – ist mir ein großer Lehrmeister. Er läuft jeden Tag und bei jedem Wetter und egal, wo er sich gerade aufhält. Respekt! Mein Schwager läuft wie einst der VW-Käfer – er läuft und läuft … Er lässt sich nicht aufhalten. Solche Vorbilder brauche ich.

Wie schafft ein Mensch, sich zu überwinden und jeden Morgen zu laufen? Er darf den inneren Schweinehund nicht gewinnen lassen. Zunächst braucht er dafür ein klares Ziel, das er erreichen will. Ziele ziehen. »Ich will mehr laufen«, so habe ich es in vielen verschiedenen Zeitplanbüchern gelesen, ist kein Ziel, sondern ein Wunsch. »Ich laufe jeden Tag eine halbe Stunde« ist messbar und damit ein Ziel. Wenn wir unsere Ziele konkret machen, ist es viel leichter, sie zu erreichen. Ein Sprinter wird nur dadurch motiviert, dass er seine Bestmarke immer weiter überbieten will. Ohne diese Motivation würde er es nicht schaffen, mehr zu trainieren und auf vieles zu verzichten.

WER MORGENS MIT DEM INNEREN SCHWEINEHUND ANFÄNGT ZU DISKUTIEREN, HAT SCHON VERLOREN.

»Wer morgens mit dem inneren Schweinehund anfängt zu diskutieren, hat schon verloren«, meint mein Lieblingsschwager.

Der ISH flüstert dir zu:

»Es ist viel zu nass draußen …«,

»Oh, ich habe heute sehr wenig geschlafen …«,

»Es ist wirklich sehr spät geworden …«,

»Vielleicht heute ausnahmsweise mal nicht …« – wenn du jetzt nicht ganz schnell ein Stoppschild setzt, hast du verloren – glaub's mir.

Ganz offen – nur unter uns –, es gibt Phasen, da verliere ich den Kampf, weil entweder das Ziel nicht stimmt oder ich angefangen habe zu diskutieren. Aber ich habe noch ein Ass im Ärmel, also eine aussichtsreiche Karte, die ich ausspielen kann, und die lautet: Nicht aufgeben! Neu anfangen!

Wenn kleine Kinder, die das Laufen lernen, schon nach dem hundertsten Mal denken würden: »Ich lasse es. Ich falle doch immer wieder hin«, würden sie noch als Erwachsene krabbeln.

Rückschläge kommen. Die habe ich einkalkuliert, dann frustrieren sie weniger. Dann sage ich mir: »Ich habe es ja gewusst!« Damit stehe ich vor mir weniger dumm da. Auch wenn der nächste Anlauf etwas dauern sollte, bestimmte Punkte in meinem Leben, die kann und will ich auf Dauer nicht preisgeben. Diese Werte und Vorstellungen davon, wie ich gesund leben und mich regelmäßig körperlich bewegen will, möchte ich nicht über Bord werfen. Auch wenn es schwerfällt, dranzubleiben, möchte ich sie zur Gewohnheit machen.

Menschen sind sehr unterschiedlich. Ich bewundere Frauen und Männer, die offensichtlich ohne Mühe sehr selbstdiszipliniert sein können. Jeder Typ hat seine Stärken und Schwächen. Unsere größten Stärken haben auch immer die gleiche Größe an Schwächen im Gepäck. Das eine bekommt man nicht ohne das andere. Das hilft uns, demütig zu bleiben.

Dennoch spornen mich Vorbilder an. Menschen, die etwas können oder vorleben, was ich attraktiv finde, helfen mir im Kampf gegen diesen Schweinehund. Nicht dass ich gleich **WIR BRAUCHEN VORBILDER UND GLEICHGESINNTE.** gewinne, aber eben auf meine Weise doch immer wieder auch vorwärtskomme.

Meine Schwester hält ihr Gewicht und das schon seit Jahrzehnten. Ich hätte nie gedacht, dass sie das gleiche Problem wie ich hat.

Sie klärte mich allerdings auf: Sobald sie ein bestimmtes Gewicht überschreitet, drückt sie sofort auf die Bremse und tritt radikal mit dem Essen kürzer.

Nicht, dass ich es genauso wie sie schaffen würde, aber ihr Beispiel hilft mir, nicht aufzugeben. Ich muss es nicht genauso wie ein anderer können, aber ich kann dem nacheifern. Hier darf jeder, Mann oder Frau, für sich schauen, was zu seinen Eigenschaften und Anlagen passt, und seinen eigenen Weg finden. Eines ist sicher: Es lohnt sich, dranzubleiben!

Nicht umsonst sind Selbsthilfegruppen so erfolgreich, weil sich hier Menschen treffen, die etwas geschafft haben, was andere noch vor sich haben. Sie erhalten neue Kraft allein dadurch, weil sie Vorbilder haben. Wer scheitert, wird aufgefangen, weil die anderen in der gleichen Lage sind. Sie sind nicht allein und gemeinsam sind sie stärker. Deshalb ist es auch wichtig, mit Gleichaltrigen das Leben zu teilen. Hier versteht man sich und wird verstanden. Man kann auch gemeinsam Witze über die Falten machen.

Womit wir wieder beim Humor wären, der in meinem Buch ja eine wesentliche Rolle spielt. Er hilft auch im Umgang mit dem ISH. Ich nehme mich selbst auf die Schippe:

»Ach du Armer – schlecht jeschlafen und jetze willste kneifen und nich schwimmen jehn?« (Du hast schlecht geschlafen und jetzt willst du kneifen und nicht schwimmen gehen?)

Oder »Det Eis willste och noch mit Sahne vertilgen – muss det sein?« (Das Eis willst du auch noch mit Sahne essen – muss das sein?)

Wer über sich selbst lacht, hat meistens schon gewonnen. Lachen entwaffnet oder nimmt dem ISH die Waffen aus der Hand. Versuch's mal!

Auch Jesus wurde angefochten. Er kannte solche Situationen. Seine Reaktion war stets, dass er die enge Verbindung zu seinem himmlischen Vater suchte. Dazu zog er sich an einen einsamen Ort zum Gebet zurück. Dabei nahm er sich ausführlich Zeit.

Bei unserer Israelreise zeigte man uns eine solche Stelle, ungefähr 30 m über dem See Genezareth. Eine Höhle mit einem grandiosen Blick über den strahlend blauen See und die traumhafte Berglandschaft.

Meine Frau und ich haben festgestellt, dass wir über Probleme anders denken und reden konnten, wenn wir auf einer Erhöhung standen. Der räumliche Abstand zum Tal übertrug sich auf unsere Distanz zu der Schwierigkeit. Wir konnten leichter damit umgehen. Probleme wirkten kleiner und wir schienen auch eher den Überblick zu gewinnen.

HAST DU EINEN PLATZ, AN DEM DU GOTT UNGESTÖRT BEGEGNEN KANNST?

Hast du auch so einen Platz, an dem du Gott ungestört begegnen kannst? Ist es eine bestimmte Wegstrecke im Wald? Ein Platz unter dem Dach oder im Garten?

Bei mir ist es meine Oase, der kleine Raum unter dem Dach, den hauptsächlich ich nutze (es sei denn, wir haben Gäste) und meist nur für meine Audienz bei Gott. Hier liegen eine Bibel, ein Andachtsbuch, ein geistliches Tagebuch und mein kleines grünes und sehr altes Gebetsringbuch. Ich bete für so viele Menschen und Anliegen, dass ich sie über die ganze Woche verteilen muss.

Hier spreche ich mit Jesu, dem Heiligen Geist und mit meinem Vater im Himmel. Hier lobe ich ihn und danke ihm. In diesem Zimmer klage ich, kämpfe ich mit Beten und Bibelworten, wenn mir der innere Schweinehund zusetzt oder Schwierigkeiten mir die Luft nehmen. Oder ich ringe für andere, deren Anliegen ich kenne. Manche habe ich auch gefragt, an welchen Tagen ich für sie beten soll. Es stärkt sie, wenn sie wissen: Heute betet der Lutz für mich. Auch mir bedeutet es viel, wenn andere für mich bei Gott eintreten.

Offen und ehrlich kann ich Gott meine negativen inneren Widerstände oder für andere verborgene Aggressionen hinlegen. Er ist grundsätzlich stärker als alle finsteren Mächte dieser Welt. Jesus soll mich mit seiner Liebe durchdringen. Das soll den Menschen um mich herum zugutekommen.

Dazu braucht es Zeiten, in denen Gott mich verändern kann. Durch Bibelworte, die mich innerlich korrigieren, und Stille, denn nur so kann ich die leise Stimme von Gott wahrnehmen. So spüre ich, was in Ordnung ist und was nicht. Bei einer Entscheidung empfinde ich vielleicht einen Frieden, bei einer anderen aber nicht. Wie bei einem Menschen, den ich nur dadurch besser kennenlerne, weil ich viel Zeit mit ihm verbringe, so ist das auch mit Gott. Je mehr ich mich in der Stille seiner Liebe und Fürsorge aussetze, desto mehr werde ich es lernen, seine Stimme zu hören.

Letztlich will ich den Sieg von Jesus in meinem Leben. Mit ihm gewinne ich auch den Kampf gegen den ISH, diesen Verdreher.

Ein sehr wirksames Mittel gegen Lebensfrust möchte ich dir jetzt vorstellen.

Dankbarkeit – Schmiermittel zum Glück

Es war einmal ein älterer Mann, der dafür bekannt war, dass er wirklich für alles einen Grund fand, zu danken. Einfach alles. Nun begab es sich, dass er mit einem nagelneuen, strahlend blauen Anzug den Gottesdienst besuchte. Als einer der Letzten verließ er die Kirche. Gerade in diesem Moment flog eine Taube über ihn und ließ etwas fallen. Über den wunderschönen neuen Anzug ergoss sich eine zähflüssige, weiß-grüne, ätzende Masse. Den Gottesdienstbesuchern stockte der Atem. Auf den Gesichtern der Menschen stand nur eine Frage: Wird er auch jetzt etwas finden, wofür er danken kann? Der fromme Mann hob seinen Blick zum Himmel und betete: Ich danke dir, Herr, dass Kühe nicht fliegen können!

Quelle unbekannt

Störche sind auch nicht von schlechten Eltern, wenn sie im Überflug was fallen lassen, aber ich habe in der Situation, als mein Auto und einiges mehr »verschissen« war, keine Dankesworte gefunden. Aber, das hätte was, immer so dankbar sein zu können. Ich hoffe, dass ich in diesem Punkt noch einiges aufhole.

Wie privilegiert bin ich doch als Europäer.

WIE PRIVILEGIERT BIN ICH DOCH ALS EUROPÄER.

Ich lebe in einem Land mit sehr guten Lebensbedingungen. Das Wasser kommt nicht nur aus der Leitung, sondern ist so gesund, dass ich es nicht in Flaschen kaufen und nicht abkochen muss. Hundertjährige sind bei uns nichts Besonderes mehr, weil die Bedingungen stimmen.

Es gab Zeiten, in denen ich große Menschen beneidet habe. Sie haben es in der Tat in manchen Bereichen definitiv leichter – so traut man ihnen mehr zu, sie stellen was dar.

Kleine Menschen haben aber auch Vorteile! Ich muss mich nicht lange bücken, haue mir weniger schnell den Kopf an und bekomme unter Umständen auch leichter Kleidung. Wenn ich in Hotels mal wieder in einer kleinen engen Dusche stehe, bin ich jedes Mal froh, nicht so groß zu sein. Ach ja: Ich passe in jedes Bett.

Die sicherste Weise, unglücklich zu werden, ist der Vergleich mit anderen. Unter jedem Dach ein Ach! Jeder Mensch hat irgendwo mit Defiziten, Problemen oder Ärger zu kämpfen. Ein Haus ohne Probleme unter dem Dach gibt es nicht.

Ich bin davon überzeugt: Wir müssen einfach mehr genießen, dann wären wir dankbarer. Das Alter bietet so viele Gründe und so viel Raum zum Genießen! Genießen kann ich aber nur, wenn ich mir Zeit nehme. Nehmen wir zum Beispiel die »Falte«, mit dem Alter schlechter abnehmen zu können: Der Stoffwechsel wird lahmer. Außerdem brauche ich weniger Kalorien, deshalb muss ich grundsätzlich weniger essen.

ICH PASSE IN JEDES BETT.

Mir ist aufgefallen, dass ich beim Kuchenessen schon innerlich auf das nächste Stück schiele. Dabei hätte ich viel mehr davon, wenn ich mich auf das vor mir liegende voll konzentriere, die schöne Gestaltung bewundere, die Farbe und den Duft. Und dann achte ich darauf, wie sich die Geschmacksknospen im gesamten Mundraum an das süße Teil heranmachen. Immer wieder taucht eine andere Variante auf und es macht Freude, dieses Stück Kuchen zu essen.

Den Wein kippen wir auch nicht herunter, warum also nicht diese Kunst des Genießens auch bei anderen Gerichten wie Currywurst und Pommes anwenden? *Ich darf noch einmal daran erinnern, dass ich Rheinländer bin und »Currywoscht mit Pommes, Mayo un Ketchup dazo jehürt« (Currywurst und Fritten, Mayonnaise und Ketchup dazugehören), vielmehr zum Überleben brauche, ab und zu zumindest …*

Rheinländer ausgenommen, gibt es für andere natürlich wichtigere und bedeutendere Dinge als diese kulinarischen Köstlichkeiten. Zeit zum dankbaren Genießen sollten wir uns aber alle nehmen.

Dankbarkeit ist der Schlüssel für ein glücklicheres Leben und dafür, mit den Falten besser zurechtzukommen. Wenn ich einen

Adressaten für meinen Dank habe, fällt das Danken leichter. In der Bibel begegnen wir einer Kernstelle im Umgang mit unserem Leben. »Sorgt euch um nichts, sondern betet um alles. Sagt Gott, was ihr braucht, und dankt ihm« (Philipper 4,6).

Ich kann allein deshalb dankbar sein, weil ich mit meinen Sorgen zu Gott kommen kann. Der Unsichtbare hört und sieht mich und kann handeln! Der englische Philosoph und Prediger C. H. Spurgeon beeindruckte mich mit dem Satz: »Weil Gott der lebendige Gott ist, kann er erhören; weil er der liebende Gott ist, will er erhören!«[24]

Ob das nach meinen Wünschen und Vorstellungen geht oder nicht. Mit dieser Haltung fühle ich mich geborgen. Und bei Gott kann ich einen Frieden erleben, der meine Vorstellungskraft übersteigt.

Wir waren noch ein junges Paar und meine Mutter erkrankte an Krebs. Wir beteten und legten sie in Gottes Hand. Dann erlebten wir diesen tiefen unfassbaren Frieden. Wir schämten uns sogar! Denn wir waren irritiert. Es kam uns so vor, als wenn uns meine Mutter nichts wert wäre. Aber es war die erste Erfahrung mit diesem außergewöhnlichen Frieden, wie er einen Vers weiter geschildert wird: »Ihr werdet Gottes Frieden erfahren, der größer ist, als unser menschlicher Verstand es je begreifen kann« (Philipper 4,7).

> »MAN KANN AUF JEDEM NIVEAU KLAGEN, ABER AUCH AUF JEDEM NIVEAU GLÜCKLICH SEIN.«
> Samuel Koch

Samuel Koch, der tapfere Sportler und Schauspieler, dessen Leben sich bei »Wetten, dass ...?« radikal veränderte, hat einmal gesagt – und diesen Satz muss man wirklich durchbuchstabieren:

»Man kann auf jedem Niveau klagen, aber auch auf jedem Niveau glücklich sein.«[25] Bei allen Einschränkungen sieht dieser junge Mann auch das, wofür er danken kann.

Deshalb gibt es viele alte Menschen, die einen zufriedenen und glücklichen Eindruck machen, obwohl sie gesundheitlich eingeschränkt sind, weil sie den Blick für das Gute und Schöne im Leben nicht verloren oder gerade erst im Alter gewonnen haben.

Wie kann ich Dankbarkeit lernen?

Kannst du dir einen Maler vorstellen, der nach dem letzten Pinselstrich an einem Gemälde sofort die nächste Leinwand nimmt und weitermalt? Nein, er wird zurücktreten und sein Werk auf sich wirken lassen. Dankbar wird er es genießen. Eine Pause machen, vielleicht ein Glas mit einem Lieblingsgetränk füllen und sich davorsetzen.

MIT HUMOR FÄLLT ES MIR LEICHTER, DANKBARER ZU LEBEN.

Die schönen und angenehmen Dinge des Lebens müssen Zeit zum Atmen bekommen – wie bei einem guten Rotwein. Diese dankbare Lebenshaltung wird auch nachhaltigeres Leben fördern. Wir werden weniger konsumieren, aber dabei glücklicher und verantwortungsvoller leben.

Die Geschichte vom alten dankbaren Mann weiter oben zeigt mir, wie ich mir mit Dankbarkeit und Humor mein Leben leichter machen und die Lebensqualität steigern kann. Mit dieser Einstellung wird ein Mensch in guter Weise alt. Wer so lebt, dem wird sein Blutdruck weniger Ärger machen, und alle negativen Hormone haben schlechte Karten.

»Aber das ist doch selbstverständlich!« Dieser Satz begegnet mir immer wieder, wenn ich mich für etwas bedankt habe. Meine

Antwort darauf lautet dann: »Sie nehmen mir damit aber die Gelegenheit, dankbar zu sein! Denn wenn ich alles für selbstverständlich halte, wird mir der Reichtum der Dankbarkeit genommen!« Außerdem: Wer sagt mir, dass das Gute selbstverständlich ist?

Wir müssen nur ein wenig die Augen öffnen und uns das Naheliegende anschauen, dann sind wir umgeben von vielen Möglichkeiten, für die wir dankbar sein können.

Aber so leicht ist es natürlich nicht immer. In manchen Situationen ist das Ungute wirklich so dramatisch oder schlimm, dass es völlig unser Denken einnimmt und wir logischerweise Probleme mit dem Danken haben.

Danken ist k-eine Gefühlssache

Es gibt ein Prinzip in der Bibel, das uns davor schützen will, durch unsere Gefühle überfordert zu werden. So heißt es: »Liebe deinen Nächsten wie dich selbst« (Markus 12,31). Oder: »Liebt eure Feinde« (Matthäus 5,44).

Ich bin so froh, dass diese Aufforderungen mit Gefühlen erst einmal gar nichts zu tun haben. Ich muss den anderen nicht sympathisch finden. Ich soll ihn nur wie einen guten Freund behandeln.

Angenommen du hast einen Menschen, der dir das Leben immer wieder mal schwer macht – einen »Lieblingsfeind«. Eines Tages siehst du, wie unter seinem Auto ein Marder hervorkommt. Bei einem Freund gehst du hin und warnst ihn. »Hey, bei dir war ein Marder unter dem Auto, schau mal sicherheitshalber nach, ob alles okay ist.« Seinen Feind zu lieben, heißt dann: ich tue bei ihm das Gleiche wie für einen Freund. Dafür brauche ich keine guten Gefühle zu aktivieren.

Genauso muss ich mich nicht gut fühlen, um dankbar zu sein.

Ein ungewöhnlicher Gedanke – oder? Interessant ist auch folgender Bibelvers: »Opfere Gott Dank!« (Psalm 50,14a; LUT). Wie bitte, Opfer und Dank sollen zusammengehören? Braucht Gott meinen Dank? Natürlich braucht er ihn nicht und wenn Gott meinen Dank als Opfer beschreibt, dann deshalb, um uns auf die richtige Spur zu setzten. Gefühle bremsen uns und versperren die Sicht. Wenn ich entgegen meiner Gefühle doch danke, dann hilft mir das. Das hilft, über das Negative hinwegzuschauen und meinen Blick auf das zu lenken, was es Gutes um mich herum gibt. Und den dahinter zu entdecken, dem ich das alles verdanke.

In manchen Situationen fällt es leicht, dankbar zu sein. Zum Beispiel nach einer gelungenen Operation oder wenn ich liebe Menschen nach langer Zeit wiedersehen kann.

Als uns einmal im Urlaub auf unserer Fahrspur ein Autofahrer entgegenkam, weil er meinte, er müsse unterhalb einer Kuppe und dazu noch in einer Kurve überholen, kannst du dir unser Level an Dankbarkeit gut vorstellen. Nur weil ich gerade langsam fuhr und an dieser Stelle eine Ausweichbucht war, entkamen wir einem höchstwahrscheinlich tödlichen Unfall. Wir haben eine kleine Piccoloflasche Champagner gekauft – was wir sonst nie trinken – und haben auf das Leben angestoßen.

Dankbarkeit kann ich mit allen Sinnen wahrnehmen. Seit einiger Zeit nehme ich meinen Körper und damit meine Sinne wieder stärker in den Fokus. Jahrelang war alles überdeckt von sehr viel Arbeit und Stress. Eine dankbare Haltung fühlt sich manchmal an wie eine Reise in meine Kindheit. Ganz bewusst laufe ich barfuß durch den Garten, spüre den Tau unter den Füßen und spiele wie ein Kind mit meinen Zehen, um das weiche Moos zu fühlen. *Nebenbei habe ich durch das Barfußlaufen ein völlig neues Laufgefühl und besser durchblutete Füße bekommen. Jetzt erst merke ich, wie sträflich ich meine Füße vernachlässigt habe.*

Apropos Beweglichkeit, als ich merkte, dass ich mich nicht mehr so schnell bücken kann wie früher, war ich erschrocken, geschockt und verärgert. Mittlerweile habe ich mich damit angefreundet, na ja, zumindest will ich das. Kennst du den Spruch: »Wenn ich schon mal unten bin, dann überlege ich mir, was ich noch alles erledigen kann.«? Das sagte ich einem Dreißigjährigen, als ich von mir erzählte. Der meinte, ja, das kenne er. Nur mit dem Unterschied, dass er den Keller, zwei Stockwerke runter meinte und ich nur das Bücken bis zum Küchenboden! Aber auch hier kann ich innehalten, Bewegungen bewusst ausführen, nachspüren, vielleicht sogar noch ein wenig weiter nach unten dehnen und – dankbar sein für das, was geht!

Ein Jahr vor der Pandemie erlebte ich eine rapide Verschlechterung meiner Sehstärke und große Schwankungen meines Blutdrucks. Dann hat es ein halbes Jahr gedauert, bis wieder alles im Lot war und Brillengläser für meine spezielle Sehschwäche gefunden wurden. Ein halbes Jahr nicht richtig scharf zu sehen, lesen oder entspannt in die Landschaft schauen zu können, weil die Augen brannten oder der Kopf wehtat, war deprimierend.

Herrmann, mein Optiker, meinte: »Wenn du vor fünfzig Jahren diese Probleme gehabt hättest, wärst du jetzt arbeitsunfähig.« Solche Fakten füttern meine Dankbarkeit. Am Anfang steht nicht gleich das Gefühl, sondern eine Tatsache, eine Aussage oder eben schlichte Fakten.

Unglaublich ist es, wieder gut sehen zu können. Natürlich geht das nur mit einer Brille. Ohne Brille: Maulwurf – mit Brille: Adler! Wenn ich die Brille abziehe und fast blind durch die Gegend laufe, denke ich nicht »Mist, ich sehe nichts«, sondern: »Bin ich froh, dass ich eine Brille habe.«

Meine Frau wäre vor fünfzig Jahren mit ihren Problemen ein Pflegefall geworden und hätte furchtbare Dauerschmerzen erleiden müssen. Wir sind also glücklich, heute älter zu werden und diese ärztliche Versorgung in unserem Land haben zu dürfen. Mittlerweile sind wir schon zufrieden, einen Arzttermin nach vier Wochen statt nach fünf Monaten zu erhalten.

Ohne Hilfsmittel funktionieren die Ohren – noch. Als Vogelfreund suche ich gerne mit meinen Ohren den Vogel, damit ich ihn gezielter mit dem Fernglas finden kann. Die Fahrt oder der Gang durch Gottes Schöpfung ist intensiver geworden, seitdem ich mich mit den gefiederten Freunden beschäftige. Das Konzert am Rande ist persönlicher, weil ich den einen oder anderen Vogel an der Stimme erkenne oder an seinem Flugverhalten. Das sind Momente, für die ich dankbar bin.

GUT, DASS WIR HEUTE ÄLTER WERDEN DÜRFEN!

Das schönste Naturerlebnis und eine meiner größten Freuden ist das Baden in unserem Baggersee – »BaLi« genannt, abgeleitet von Baggersee Linkenheim. Aus der Luft sieht dieser See mit seinen zwei Inseln tatsächlich wie Bali aus. Türkisfarbenes Wasser, nur Wald und Wiesen drumherum. Im August und September sammeln sich dort Tausende von Staren. Morgens gegen sechs Uhr bin ich dann meistens vor Ort, fast jeden Tag, und kurz nach sechs fliegen sie über mich hinweg und dann hört man nur die vielen Flügelschläge. Das ist atemberaubend. Dann bleibe ich an einer seichten Stelle stehen und lobe meinen Schöpfer und bin glücklich bis in die Zehenspitzen.

Eines Morgens sah ich in der aufgehenden Sonne einen Eisvogel von hinten. Angestrahlt von der Sonne leuchtete seine Rückseite in Türkis, und dann drehte er sich um und seine orangefarbene Brust strahlte mir entgegen. Oh, ich sage dir, das ist ein Stück Paradies.

Das Glück finden wir nicht nur bei großen Ereignissen wie einer Hochzeit, der Geburt eines Kindes oder in einem besonderen Urlaub. Diese großen Glücksmomente gibt es viel zu selten, aber im Alltäglichen, da ist das Glück im Kleinen massenhaft zu finden. Nimmst du es bewusst wahr, füllst du dein Herz mit lauter Dankesperlen.

Danken kommt von denken – ich erkenne Dankenswertes und dann stellt sich auch das Gefühl dazu ein. Mit etwas Zeit und Ruhe können hier wahre Schätze an Glücksgefühlen gehoben werden.

Wenn meine älteste Tochter mit den beiden Jungs vorbeikommt, um kurz Hallo zu sagen, dann wollen Jonathan und Andreas gefangen und geknuddelt werden. Sie kreischen, wenn ich wie ein »böser« Bär ihnen hinterhergehe. Das sind **NACHDENKEN FÜHRT ZUM DANKEN.** Sternstunden – gepflückt für den Moment, aber langfristig und tief eingespeichert für vielleicht schwierige Zeiten.

Ein bisschen wieder wie ein Kind werden. Schatzsucher sein im Alltag und Gott loben, was er schenkt, das gehört für mich zu einem Leben, das Freude macht. Das ist ein Vorgeschmack auf den Himmel.

Meine Faltenerlebnisse werden kleiner, weil ich meine Kraft und Zeit auf die Suche nach Dankesperlen ausrichte.

Ich habe schon viele Tipps, wie ich einen dankbaren Blick trainieren kann, ausprobiert. Vielleicht ist etwas für dich dabei oder du kommst dabei auf ganz andere Ideen:

TIPPS ZUM TRAINIEREN VON DANKBARKEIT

- Gestalte eine Fotowand – real oder als Bildschirmschoner – mit dankbaren Erinnerungen an Personen, Orte, Erlebnisse – oder von Gegenständen.
- Schreibe auf Zettel, wofür du dankbar bist. Führe immer einen dieser Erinnerungszettel für einen Tag

oder eine Woche mit dir und bewege den Inhalt in deinem Herzen.

- Richte einen Dankes-Steinhaufen im Garten oder auf deiner Fensterbank auf: Für jeden Punkt, für den du dankbar bist, füge jeweils einen Stein nach dem anderen dazu.
- Lege drei im Dunkeln leuchtende Steine an dein Bett – und denke darüber nach, für welche drei Dinge du an diesem Tag dankbar bist.
- Notiere jeden Abend in einem Notizbüchlein drei oder mehr Punkte, für die du am Ende des Tages dankbar bist.
- Stecke zehn Bohnen in eine deiner Hosentaschen. Immer, wenn du für etwas dankst, wandert eine Bohne von der einen auf die andere Seite.

Egal wie, fülle deine innere Schatztruhe mit den unzähligen kleinen Erlebnissen und Dingen, die dir im ganz gewöhnlichen Alltag Freude bereiten.

Danke Gott, denn er ist der Geber aller Gaben. Entdecke ihn durch das Danken ganz neu.

Jetzt wird's »ernscht«: Chancen des Ruhestandes

»Nach der Geburt ist der Eintritt in den Ruhestand der gefährlichste Moment im Leben« – so schreibt es die Psychologin Dr. Doris Wolf.[26]

Mit der Erscheinung dieses Buches ist es bei mir fast so weit: Ich werde Rentner. Und ich werde immer wieder gefragt: »Was wirst du machen? Hast du Angst vor einem Loch?«

Nein, ich habe keine Angst davor. Ich muss mich eher entscheiden, was ich nicht machen möchte, weil ich mir so viel vorstellen kann. Im Vorfeld habe ich mich über einige Angebote informiert, meine Begabungen und Erfahrungen dazu abgewogen. Meine gesundheitlichen Grenzen spielen eine entscheidende Rolle. Manches habe ich zurückgestellt, informiere mich aber noch weiter und höre in mich hinein. Das Buch, das du gerade liest, hat Priorität und ebenso Lesungen, die ich anbieten möchte. Aber ich bin offen und freue mich, dass ich so viele Optionen habe, die mich interessieren und reizen würden.

> »NACH DER GEBURT IST DER EINTRITT IN DEN RUHESTAND DER GEFÄHRLICHSTE MOMENT IM LEBEN.«
> Dr. Doris Wolf

Vor mir liegen ein leerer Terminkalender und vollkommene Freiheit, ihn zu füllen. Einiges wird sich entzerren und entspannen. Die Putzarbeiten müssen nicht auf ein kleines Zeitfenster am Wochenende gelegt werden. Durch unsere gemeinsame Berufszeit sind meine Frau und ich es gewöhnt, dass wir uns fast 24 Stunden am Tag sehen. Insofern kommt keine große Umstellung auf uns zu. Ich hätte Lust, mehr im Bereich Kochen und Backen zu machen – vom Rezept über den Einkauf bis hin zur Durchführung alles alleine zu probieren. Mal sehen, ob ich es schaffe.

Was das Zusammenleben mit meiner Frau angeht, werden wir uns noch intensiv damit beschäftigen müssen, was wir jeder für sich oder gemeinsam tun möchten. Da kann sich noch neues Potenzial entfalten. Was ersehnt und erhofft sich meine Frau? Wir müssen immer wieder darauf achten, dass wir offen und vor allem deutlich unsere Wünsche aussprechen, damit keine Missverständnisse entstehen.

Wie wird unsere neue Tagesstruktur aussehen? Wir können ja tun und lassen, was wir wollen – ein schönes Gefühl. Mal sehen, wie unser gemeinsamer Tagesablauf aussehen wird, denn ich bin morgens fit und meine Frau abends.

Insgesamt ist es sehr spannend, einen neuen Lebensbereich zu füllen. Neue Chancen für die Entfaltung und den Dienst für andere tun sich auf. Nichts ist festgelegt. Alles kann neu verhandelt und ausgemacht werden.

Im Ruhestand kann ich mir mehr Zeit für meine Ärzte nehmen, sage ich schon einmal etwas flapsig. Meiner Gesundheit kann ich dann mehr Aufmerksamkeit schenken. Mein Bewegungsdrang ist groß und ich genieße fast jedes Wetter. Im Berufsleben hatte ich oft weniger Zeit, als meine Gesundheit gebraucht hätte.

Für meine Kinder und Enkel möchte ich in Würde älter werden. Mit Gottes Hilfe wird es mir hoffentlich gelingen. Sie sollen nicht mit Furcht in die Zukunft schauen, nach dem Motto: »Wenn ich älter werde, werde ich nur noch nörgeln, das wird Spaß machen.«

Ich möchte noch etwas verändern, verbessern und nachhaltig für meine Kinder und Enkelkinder erreichen. Deshalb kann ich mir auch vorstellen politisch aktiv zu werden.

Ohne gute Freunde wird das Leben öde. Ich freue mich darauf, neue Kontakte knüpfen und pflegen zu können.

Ich träumte, ich bin Rentner

Was sehe ich, wenn ich meine Augen schließe und mir meinen Ruhestand vorstelle? So ganz konkret und plastisch. Worauf kann ich mich freuen, was stelle ich mir attraktiv vor?

Meine Zeit kann ich nach meinem Biorhythmus einteilen. Morgens bin ich doppelt so fit wie nachmittags. Abends ist es bei mir wie mit dem Essen: Nur noch leichte Kost.

Morgens mit Sport den Körper aufwärmen und die Seele mit ausreichend Zeit in meiner Oase. Zeit mit Gott verbringen, hören, was er mir zu sagen hat. Im Gebet Menschen vor ihn bringen. Themen, die mich interessieren, kann ich ausführlich bewegen.

Genauso kann ich dann die Zeitung ausführlich lesen. Gemeinsam mit meiner Frau in Ruhe frühstücken. Hier und dort etwas reparieren und in Schuss bringen.

Für die Enkel habe ich dann auch mehr Zeit genauso wie für die Kinder und Freunde.

Und bei allem merke ich, dass ich es genießen werde, vieles über Tag machen zu können, was sonst abends oder am Wochenende sein musste.

So Gott will und alles gut geht, werde ich runderneut – jedenfalls die Hüften –

MIT DEM VERTRAUEN AUF GOTTES FÜHRUNG GEHE ICH GELASSEN IN DEN NEUEN LEBENSABSCHNITT.

und wieder andere Möglichkeiten haben, meine Freizeit zu gestalten, als die Jahre zuvor.

Meiner Frau und mir hat es schon immer viel Freude bereitet, an andere zu denken und sie mit Kleinigkeiten oder Blumen zu überraschen.

Auch spontan und zu untypischen Zeiten Ausflüge zu machen, klingt reizvoll.

In der Vergangenheit habe ich erlebt, wie Gott mich führt. Darauf vertraue ich im nächsten Lebensabschnitt auch. Das macht mich gelassen.

Ich sehe mich oft in meiner Oase sitzen. Gott schätzt es, wenn ich ihn einbeziehe und nach seinem Willen frage. Er kennt mich am besten und da er über der Zeit steht, weiß er auch, was ich in

Zukunft mit meiner Kraft noch stemmen kann. Gibt es einen besseren Lebensbegleiter selbst im Alter? Kennt mich irgendeiner besser als er? Ich bin durch meine Erfahrung felsenfest davon überzeugt, dass er das Beste für mein Leben will. Ihm vertraue ich voll und ganz. Natürlich mit Glaubensdellen, aber das weiß er, denn ich bin nur ein Mensch.

Im Ruhestand können wir beide – Gott und ich – noch das ein oder andere aushecken …

Wer weiß, was da noch kommt. In jedem Fall – lebenswertes Leben!

ECHTER GLAUBE IST LEBENSQUALITÄT MIT EWIGKEITSGARANTIE

Gibt es einen falschen Glauben?

Grundsätzlich spreche ich niemandem den Glauben ab. Bewahren möchte ich vor Frust und Enttäuschung, weil man sonst vergeblich etwas erwartet, was aber nicht da ist.

Durch die vielen Kontakte in der Seelsorge begegneten mir Menschen, die sich in Glaubensdingen überforderten oder falsche Vorstellungen hatten. Als Christ kann ich nicht von mir aus so handeln wie Jesus. Vielmehr kommt das, was ich weitergeben soll, von Gott selbst.

Du kennst doch diese Brunnen, die eine Schale mit Wasser füllen, das dann zur nächsten überläuft. Die Schale selbst kann kein Wasser aus sich hervorbringen, wenn die Quelle es nicht hergibt. Wir Christen leben von dem, was wir von Christus erhalten. Versuchen wir es selber, wird es Krampf und Frust.

Ein anderes Beispiel. Wenn du dich in die Sonne legst, wirst du automatisch braun, weil du dich den Strahlen aussetzt, die von ihr ausgehen. So färbt das Wesen, die Liebe und die Zuneigung von Jesus automatisch auf uns ab. Je mehr ich mich mit ihm im Gebet unterhalte, in der Bibel lese, mich unterweisen lasse, werde ich geprägt. In seiner Nähe reife ich. Wenn ich seine Vergebungstat am Kreuz annehme, werde ich sein Kind. Dann reift der Wunsch, in seinem Sinne zu leben und die Menschen so zu lieben, wie er sie liebt. Was mir an Geduld, Kraft, Weisheit und Liebe fehlt, darf ich mir schenken lassen.

Leben aus seinen Ressourcen, aus seiner Barmherzigkeit, aus seiner Vergebung – das macht das echte Leben als Christ aus. Hier spüre ich Freiheit, auch wenn ich unter Zwängen lebe. Bei ihm bin ich geborgen, auch im Sturm meines Lebens. Er ist der Grund meiner Freude, die aus der Tiefe seiner Freundschaft erwächst.

BEI IHM BIN ICH GEBORGEN, AUCH IM STURM MEINES LEBENS.

Gott kann ich mit allen Sinnen suchen. Das passiert, wenn ich die Fülle der Schöpfung mit Augen, Ohren, Nase sowie mit Händen und Füßen wahrnehme. Je mehr ich beteiligt bin, umso größer wird mein Staunen über die Liebe, die Gott zu uns Menschen hat. Das trägt mich durch, wenn ich mit Krankheiten und Verlusten von Menschen zu kämpfen habe.

Aber auch in Zeiten, in denen es mir richtig gut geht, kann ich diese Lebensqualität genießen.

Was hat Lebensqualität mit Glauben zu tun?

Für mich ist es ein riesengroßes Geschenk, dass ich darauf vertrauen darf, dass nach dem Tod nicht alles aus ist und es erst richtig losgeht. 100 Jahre Erdenzeit sind noch nicht mal eine Millisekunde gegenüber einem Leben in Ewigkeit.

Bedingt durch meine Hüfterkrankung und den damit verbundenen Einschränkungen durch Schmerzen, musste ich schon früh auf vieles verzichten, ob es nun Klettern war oder Berge erklimmen, Ski fahren und alles, was kaputte Hüften nicht mögen. Am meisten vermisse ich mein Judo. Kurz vor dem schwarzen Gürtel empfahlen die Ärzte, damit aufzuhören.

Also, schon früh waren Einschränkungen und Abschiede bei mir ein Thema. Damals wie heute hilft mir die Hoffnung, dass es auch ein Leben danach gibt.

Ich muss zu meinen Lebzeiten auf dieser Welt nicht alles hineinpacken. Das entlastet mich und ich bleibe für das, was geht oder was ich habe oder erlebe, viel dankbarer.

Es kann doch gar nicht anders sein, als dass das Neue, Ewige viel schöner, reizvoller und gigantischer ist als alles, was wir auf dieser Erde schon als atemberaubende Schönheit sehen und erleben können.

Gott hat die Möglichkeit, alles auszugleichen und Liebe und Barmherzigkeit im Überfluss zu geben. Der Himmel wird alles toppen, was wir hier schon staunend betrachten. Dort geschieht Seelsorge in Vollkommenheit und Trost, der alles auffängt. Ich kann mir keine liebevolleren Arme als die von Gott vorstellen.

DIE FRAGE NACH DER LETZTEN GERECHTIGKEIT IST WICHTIG.

Mit zunehmendem Alter berühren mich Schicksale stärker. Kinder, die geschlagen und missbraucht werden. Kleine Menschen inmitten von zerbombten Häusern, die Augen voller Trauer und Hoffnungslosigkeit.

Die Frage nach der letzten Gerechtigkeit finde ich ungemein wichtig. Das Leid, das uns Menschen des 21. Jahrhunderts fast minütlich oder in Echtzeit begegnet, kann einen, wenn man nicht schon abgestumpft ist, wütend, fassungslos und aggressiv machen. Bomben auf Kliniken, Menschen, ob klein oder groß, die als Schutzschilde missbraucht werden, Vergewaltigungen und andere menschenverachtende Taten – und wie viel bleibt ungesühnt! Wie viele Politiker und Tyrannen sind daran Schuld und werden nie dafür zu Lebzeiten bestraft?

Diese Tatsache schmerzt mich zutiefst. Es wird aber einmal eine Gerechtigkeit für alle geben, und das ist gut so. Und dann komme ich mit der Perspektive von Ewigkeit, mit dem Leid und der Ungerechtigkeit der Welt besser zurecht.

Gott ist derjenige, der hinter alle Fassaden und alle Lebensbiografien sieht, der jedem ins Herz schauen kann. Ihm kann ich alle Menschen getrost anvertrauen. Gott allein weiß, warum ein Mensch so ist, wie er ist, oder so geworden ist. Er ist der einzige, der absolute Gerechtigkeit praktizieren kann und wird. Das hilft mir, mit den vielen Fragezeichen, mit meinem Zorn über so viel Leid klarzukommen.

Oftmals können Handlungen auf dem Hintergrund der Lebensgeschichte nachvollzogen werden. Wenn beispielsweise ein kleiner Junge vom Vater misshandelt wurde und als Mann auch wieder andere missbraucht, erkenne ich einen Zusammenhang. Wir sehen dem Täter nicht in den Kopf und missachten, was er tut. Gott aber hat den Überblick und sieht jedem Menschen, auch jedem Verbrecher, ins Herz. Nirgendwo anders ist ein Mensch so gut aufgehoben und nirgends wird er so fair behandelt wie bei ihm – egal, ob Opfer oder Täter. Jeder Mensch muss sich vor Gott für seine eigenen Taten verantworten.

Es tut ihm weh, wenn wir ein Leben führen, mit dem wir uns selbst oder das Leben eines anderen zerstören. Weil er liebt, weil er empathisch und voller Gefühle für uns ist, kann er nicht über Tatsachen und Dinge hinwegschauen, über ein Verhalten, das seine gute Schöpfung beleidigt, zerstört, mobbt, schlechtmacht, erniedrigt, benutzt, verletzt – ob mit Worten oder Taten.

Gott tat etwas, was nur mit bedingungsloser, selbstloser Liebe zu erklären ist. Um der Gerechtigkeit und der Liebe Genüge zu tun, nahm er selbst in Jesus die Last der Bestrafung auf sich, die wir selbst tragen müssten.

Folgende Geschichte erklärt das sehr gut, selbst wenn sie an einer Stelle »hinkt«, also so nicht gewesen sein kann.

Ein Jugendlicher, nennen wir ihn Kurt, sollte eine Mutprobe machen, um in eine Clique aufgenommen zu werden. Die Mutprobe bestand aus einem Diebstahl im örtlichen Supermarkt. Es ging aber schief. Kurt wurde erkannt und überführt. In wilder Flucht versuchte er zu entkommen. Dabei geschah aber ein furchtbares Unglück. Vor dem Geschäft rannte er eine junge Mutter mit einem Kinderwagen um, in dem ein kleines Baby lag. Das winzige Wesen flog heraus und schlug mit dem Kopf auf dem Gehweg auf. Schwer verletzt kam es ins Krankenhaus und wird wohl für immer eine Schädigung davontragen. Wie furchtbar für das Kind und seine Eltern! Tragisch auch für Kurt. Er wurde angezeigt und als der Tag des Gerichts kam, konnte er vor Scham nicht in die Gesichter der Eltern schauen. Das Ganze tat ihm unendlich leid. Der Richter verurteilte ihn zu 200 000 Euro Schmerzensgeld oder zu fünf Jahren Gefängnis, wenn er nicht bezahlen könne – was er nicht konnte.

Zusammengesunken, mit dem Gesicht auf den Armen und vollkommen in Tränen aufgelöst, saß er auf der Anklagebank.

Dann trat der Richter vor ihn – *auch das noch, er hat ihn doch schon verurteilt.* Er zog seine Robe aus und gab dem Gerichtsdiener einen Scheck in Höhe von 200 000 Euro. Die Schuld wurde bezahlt. Dann sagte der Richter: Komm, Kurt, wir gehen nach Hause. Der Richter war der Vater des Jungen. *Ich weiß, hier hinkt es.* Der Gerechtigkeit war Genüge getan und der Liebe zum Sohn ebenso. Was aber an dem Beispiel deutlich wird, dass Schuld, selbst wenn sie gesühnt wurde, ein Leben lang schmerzen kann, denn die Eltern und das Kind wird Kurt immer vor Augen haben.

Als ich diese Geschichte über Vergebungsbereitschaft hörte, traten mir Tränen in die Augen. Weil sie die Liebe, die Gott zu uns empfindet, so stark verdeutlicht.

Bei unserer Zeitreise »Menschen begegnen Jesus« haben wir an der Stelle, bei der es um das Kreuz geht, ein Herz davorgestellt. Wir können diese Tat von Jesus nur verstehen, wenn wir die Liebe dahinter sehen. Sie ist unbegreiflich und ohne die Hilfe des Heiligen Geistes wahrscheinlich nicht in der Tiefe zu erfassen.

Je mehr ich von dieser unglaublichen Liebe erahne, desto mehr bin ich geerdet, aufgehoben und zuversichtlich. Lebensqualität pur.

Das Leben ist kein Ponyhof, auch dann nicht, wenn man fromm ist und einen guten Draht zu Jesus hat. Immer wieder wurden wir angefochten, sei es durch körperliche Einschränkungen und Schmerzen oder durch Umstände, die uns den Boden unter den Füßen wegziehen wollten, oder Veränderungen, die wir uns nicht vorstellen konnten. Wie oft habe ich dann neben meinem Bett gekniet und mit Gott im Gebet gerungen. In solchen Situationen nehme ich auch Bibelverse, die als Verheißungen in der Bibel stehen, und diskutiere mit ihm: »Du sagst doch, wir sollen bitten und du wirst geben. Warum nicht in dieser Situation?« Ich ringe mit Gott.

Nun bin ich schon lange mit ihm unterwegs und weiß natürlich, dass nicht alles so kommt, wie ich mir das wünsche. Gottes Willen, ist nicht immer zu ergründen, aber ich ringe darum, dass ich ihm trotzdem vertraue und ihn Gott sein lasse.

In den Hoch-Zeiten von großen Projekten der Sinnenarbeit kam es nicht selten vor, dass ich morgens schweißgebadet aufgewacht bin, weil die Schwierigkeiten wie Alpen vor mir standen, und ich Angst hatte, es nicht zu schaffen. Ich ging dann in meine Oase, meinen kleinen Andachtsraum unter dem Dach, betete, rang und las die Bibel. In der Regel trat nicht sogleich eine gravierende Veränderung ein, aber meistens erhielt ich die Kraft, an meine Arbeit zu gehen. »Wo Gott segnet, riecht es nach Schweiß.« So hat es die Diakonisse Inge Kimmerle mal ausgedrückt. Da ist viel dran. Ob Ostergärten oder andere Zeitreisen wie »Mensch Luther« oder die Weihnachtszeitreise. Kein Projekt ging reibungslos über die Bühne. Viel Schweiß, Sorgen, Kraft und Engagement mit Zähigkeit waren nötig, aber auch viel Gebet, damit die Projekte gelangen und Menschen von der Liebe Gottes angesprochen wurden.

»WO GOTT SEGNET, RIECHT ES NACH SCHWEISS.«
Inge Kimmerle

Ein Leben, das ich mit Gott an der Seite führen darf, hat eine unfassbare Lebensqualität, weil es nicht nur in den Hoch-Zeiten, sondern auch in schweren Zeiten Sinn ergibt.

Ich möchte mit einer ganz ungewöhnlichen Frage in das Thema Glauben – Glaube als bewusste Entscheidung für ein Leben mit Gott – einsteigen:

Was bringt der Glaube?

Wir ställen uns jetzt mal janz dumm – wat bringt de Glaube? (Wir stellen uns jetzt mal ganz dumm und fragen uns, welchen Wert der Glaube für unser Leben haben könnte.)

Oder in Abwandlung von de Dampfmaschin aus der »Feuerzangenbohle«: »Stellen wir uns doch mal janz egoistisch und fraren uns, wat bringt et misch, wenn isch Christ werden würde?« (Stellen wir doch mal ganz egoistisch und fragen uns, was der Glaube an Jesus Christus mir bringen würde.)

Nahezu alle Ü50 kennen die Szene aus der Feuerzangenbohle. Sie zeigt, dass eine unkonventionelle Herangehensweise nicht nur nachdenklich macht, sondern auch im Gedächtnis bleibt. Sicher ist so eine Herangehensweise – na ja – ein wenig ungewöhnlich, aber einen Versuch ist es wert.

Also ich für meinen Teil kann sagen, dass das Beste, was mir passieren konnte, der Glaube an Jesus Christus war! Er hat mich vor vielen Fehlern bewahrt, die ich ohne den Kompass Bibel, Gebet und Mitchristen sonst gemacht hätte.

Unser Leben ist zerbrechlich. Nur selten steht es uns deutlich vor Augen. Egal, ob wir im Glauben stehen oder ob wir ihm distanziert begegnen, eine Auseinandersetzung kann nicht schaden und eine Vergewisserung, was er mir wert ist, kann nicht schaden. Menschen machen teilweise schlechte Erfahrungen mit Christen oder der Kirche. Das wird leider bleiben, weil die Faktoren Mensch und persönliche Schuld nicht verschwinden werden. Mir hilft der Blick auf Jesus, nicht an mir und anderen zu verzweifeln.

UNSER LEBEN IST ZERBRECHLICH.

Die Zeit verändert mich und dann muss ich mich und meinen Glauben einmal hinterfragen. Oder ich versuche einen ganz neuen Blick auf Jesus und den Glauben zu werfen – vorurteilsfrei und abgelöst von kirchlichen Strukturen und schlechten Erfahrungen. Ich würde dich gerne mitnehmen und mit dir die wesentlichen Werte, die mit dem christlichen Glauben zusammenhängen, mal anschauen. *Bist du bereit? Dann mal los …*

Wert des Gebets

Würden unsere Worte nur an der Zimmerdecke kleben bleiben, dann hätten sie höchstens einen psychologischen Wert – nach dem Motto: ich habe es mal ausgesprochen. Aber eine ganz andere Sache ist es, wenn tatsächlich jemand meine Bitten hört und handeln kann! Es gibt keinen Ort auf dieser Welt, wo Gott uns nicht hören könnte. Bei Gott gibt es keine Funklöcher. Mir ist das ein ganz großer Schatz. Es gibt mir Geborgenheit. In jeder Situation ist Gebet möglich. Immer kann ich nach ihm rufen und sogar nach ihm schreien.

Wenn wir älter werden, dann ist das eine Herausforderung – nichts für Feiglinge, wie das Joachim Fuchsberger mal gesagt hat. Wie gut, wenn wir uns mit unserer Not an jemanden wenden können.

Die Psalmen sind voll von Klagerufen. Menschen rechnen so mit Gott und seinem Handeln, dass sie ihn sogar in scheinbarer Gottlosigkeit noch anrufen. Auch meine Wut, die ich rausschreie, meine Schmerzensschreie können Gebete sein. Gott braucht doch keine wohlformulierten Worte. Manchmal bestehen unsere Gebete aus den Tränen in der Nacht oder einem Seufzer. Gebet ist Kommunikation mit dem Höchsten. Ob ich bewusst eine Kerze anzünde, weil ich einen Menschen oder eine Situation Gott anbefehle, oder ob ich Glaubenslieder singe – immer ist es der Wunsch nach Begegnung. Echte und wirkliche Kontaktaufnahme zum lebendigen Gott, das ist Gebet.

BEI GOTT GIBT ES KEINE FUNKLÖCHER.

Dabei ist Gebet nur ein einfaches Gespräch, in Gedanken oder laut ausgesprochen. Mit Gott kann jeder wie mit einem guten Freund reden. Die Grundlagen sind: Wertschätzung und Vertrauen und einfache Worte, die nicht abgesichert und groß überlegt werden müssen. Vor einem Freund, wie auch bei Gott, kann laut und offen gedacht werden.

Was für ein unglaublich kostbares Geschenk!

Gott antwortet auf Gebete! Was für eine Aussicht! Mit den Jahren bekam ich eine immer bessere Antenne dafür, auf welche Weisen er sich bemerkbar macht:

Sehr oft spricht mich beim Lesen ein Vers an, der in meine Situation passt.

Oder Freunde oder Bekannte schreiben mir etwas oder rufen an und was sie mir sagen, ist wie eine direkte Antwort auf eine Frage, die ich Gott gestellt habe.

Auch in einer Predigt kann ein Thema, das mich beschäftigt, aufgegriffen werden und mir dann wie eine Offenbarung vorkommen.

Es kann aber auch sein, dass sich Menschen oder Umstände verändern, was ich mir nie hätte vorstellen können.

Während der Arbeit an diesem Buch verschlechterte sich der Zustand meiner Hüften extrem. In der Klinik, in der auch meine Frau ihre »Hipps« bekam, hätte ich acht Monate warten müssen. Diese lange Zeit konnte ich mir nicht vorstellen. Von mehreren Seiten wurde mir eine andere Klinik in der Nähe empfohlen. Weil es bei mir durch vorangegangene Hüft-OPs schwieriger ist zu operieren, landete ich bei einer »Kapazität« und erhielt schon fünf Monate eher einen Termin für die »Tauschaktion«. Früher wäre es wegen eines vorangegangenen Eingriffs im Herzen ohnehin nicht möglich gewesen. Außerdem verschob sich ein wichtiger Berufstermin, sodass ich beruhigt OP und Reha angehen konnte. So viele Fügungen sind für mich keine Zufälle und ich ordne sie unter der liebevollen Versorgung Gottes ein, der meine Gebete erhört hat. Die Veränderung der Umstände ist eine Möglichkeit, wie Gott antworten kann.

Gott redet auf tausend unterschiedliche Weisen, aber ganz besonders direkt durch sein Wort, die Heilige Schrift. In der Bibel finden sich Aussagen zu allen wichtigen Bereichen unseres Lebens, Gott teilt uns sozusagen seine Sichtweise mit. Lebendig werden diese Worte, wenn Gott sie durch den Heiligen Geist genau im richtigen Moment in uns aufleuchten lässt und sie damit passgenau in eine Situation sprechen.

Wert der Bibel

Den Wert eines Buches werde ich erst dadurch erfassen können, wenn ich mich damit auseinandersetze und es lese. Je intensiver, umso besser. Ganz besonders gilt das für die Bibel.

Kleine Kinder können die Geschichten der Bibel verstehen und positiv davon beeinflusst werden. Erwachsene können wesentliche Hinweise bekommen, wie ihr Leben gelingen kann.

Kinder sind dabei manchmal im Vorteil, weil sie das, was sie hören, einfach glauben und nicht reflektieren oder kritisch hinterfragen. Daher fällt es ihnen auch oft leichter, Gott zu sehen, zu hören und ihn zu erleben. Wir sollen die Worte der Heiligen Schrift wie Kinder annehmen, mit kindlichem Vertrauen und voll Zuversicht daran festhalten.

Mich beindrucken Menschen, die mit tiefem und unkompliziertem Vertrauen Gottes Wort lesen.

Worte der Extraklasse finde ich in der Bibel. Schon Tausende von Jahren sind die Worte so stark, dass sie über Generationen hinweg unzählige Menschen getröstet und gestärkt haben. Es geht eine Kraft von ihnen aus und sie haben deshalb Substanz, weil sie immer noch gültig sind, weil es immer noch derselbe Gott ist, der dahintersteht. Diese Worte sind zeitlos. Gottes Geist spricht sie immer wieder neu in aktuelle Situationen.

Aber erst, wenn Menschen mit Gott unterwegs sind, mit ihm sprechen, also beten, und mit ihm rechnen, wird das Bibellesen zur Vollwertkost. Die Bibel ist DAS Kommunikationsmittel Gottes. Ich begann die Bibel erst dann regelmäßig zu lesen, als ich sehen konnte, dass dieses Buch Auswirkungen auf das Leben von Christen hatte. Leben und Glauben gehören zusammen. Gott sei Dank habe ich viele positive Vorbilder kennengelernt.

Worte, falsch gebraucht, können zerstören und tief verletzen. Sie können einen Menschen ein Leben lang negativ beeinflussen und prägen. Worte können aber auch heilen, aufbauen und stärken. Manchmal reichen nur wenige Sätze, um wieder Hoffnung und Zuversicht in das Leben eines Menschen zu bringen. Solche Worte finde ich in dem alten Buch, das an Aktualität nichts eingebüßt hat.

DIE BIBEL IST DAS KOMMUNIKATIONSMITTEL GOTTES.

Martin Luther hatte diese Stärke erkannt und deshalb alles darangesetzt, die Bibel zu übersetzen, sogar unter Lebensgefahr, damit Menschen seiner Zeit sie in ihrer Sprache lesen konnten. Er betete mit Worten der Schrift. Worte aus der Bibel hielt er Gott sogar entgegen: »Du sagst doch, wir sollen uns nicht sorgen, dann hilf uns bitte.« So ungefähr kannst du dir das vorstellen. Luther nahm die Schrift bedingungslos ernst.

Wert christlicher Gemeinschaft

Soziale Kontakte sind lebensnotwendig. Fehlt der Austausch und ist der Mensch sogar einsam, reduziert das seine Lebenserwartung. Wer für andere lebt, mobilisiert eher seine Kräfte, um wieder gesund zu werden. Es muss einen Grund geben, leben zu wollen, und der stärkste ist, für einen anderen da zu sein.

Das Gleiche gilt auch für einen Christen. Vor vielen Jahren las ich folgende Geschichte: Ein Pfarrer besuchte einen älteren Mann, der dem Pfarrer sagte, dass er zwar glaube, aber keine Gemeinschaft bräuchte. Sie standen zusammen an einem offenen Kamin. Der Pfarrer nahm eine Zange holte ein brennendes Holzstück aus dem Feuer und legte es isoliert daneben. Nach kurzer Zeit ging das Feuer aus. Der Gastgeber sagte zum Pfarrer: »Ich habe verstanden.« Er wusste jetzt, dass ohne Gemeinschaft das Feuer, der Glaube, stirbt. Genauso wie das Holz erkaltete, wird ein Mensch ohne soziale Bindung in der Gemeinde Schaden auch in der Beziehung zu Gott nehmen.

Was ist das Besondere an einer christlichen Gemeinschaft?

Das Verbindende ist eine lebendige Beziehung zu Gott, in Jesus Christus. Wir tragen unseren Namen, weil wir verwandt sind und zu einer Familie gehören. Wer Gott seinen Vater nennt und durch die Vergebungstat von Jesu am Kreuz einen bewussten Kontakt zu Gott pflegt, der ist Christ. So ein Mensch lebt bewusst in enger Gemeinschaft mit Jesus. Richtschnur, Kompass und das innere Navigationssystem werden geprägt durch die Bibel, das persönliche Gebet und den aktiven Kontakt zu anderen Christen. Nachfolgern Jesu ist es wichtig, so zu leben, wie es Gott gefällt. Nicht um sich den Himmel zu verdienen oder um sich lieb Kind zu machen, sondern weil Liebe immer nach dem sucht, was dem anderen wichtig und wert ist.

Liebe erkenne ich an dem, was jemand unternimmt oder wie er sich zu anderen verhält. Die Herzenshaltung, die wir Liebe nennen, ist wertvoll, weil sie nicht bezahlt werden kann. Liebe kann ich nicht befehlen.

Bei Christen ist die Quelle, gerade auch für schwierige Menschen, Gott selber. Er liebt jeden Menschen, deshalb sollen wir uns auch um die kümmern, die Hilfe brauchen. Jeder und jede nach den Gaben und den Möglichkeiten, die er uns dazu schenkt.

Ich weiß, das hört sich theoretisch an, weil uns sofort negative Beispiele einfallen, aber an denen will ich mich nicht aufhalten. Menschen, die ich erlebt habe, die aus dieser Quelle handelten, waren alle keine unfehlbaren Heiligen, aber inspirierende Vorbilder. Manchmal trotz oder wegen der eigenen Schwächen. Wenn ich weiß, dass es einem Freund schwerfällt, an Geburtstage zu denken, und ich sehe, wie dieser sich dann bemüht und es tatsächlich geschafft hat, daran zu denken, dann imponiert mir das.

> **»DIE LIEBE ZUM NÄCHSTEN IST BESTANDTEIL DER LIEBE ZU GOTT.«**
> **Ansgar Hörsting**

Ein anderes Beispiel: Nicht jeder kann Geschenke so schön und passend einpacken wie meine Frau. Wenn ich aber beobachte, wie jemand sich richtig ins Zeug gelegt hat, etwas ansehnlich einzupacken, dann zählt das doppelt.

Aus der Beziehung zu Jesus entwickelt sich die Gemeinschaft zu anderen »Familienmitgliedern«. Das Gebet mit- und füreinander ist dabei ein zentraler Gemeinschaftsaspekt. Aus der Liebe zu Gott entfalten sich die Wesensmerkmale christlicher Gemeinschaft. Die Fürsorge, die Bereitschaft, immer wieder zu vergeben, Schwache zu tragen, sich auch selber mal fallen lassen zu können und miteinander zu beten. Sich selbst mit seinen eigenen Interessen zurücknehmen können. »Die Liebe zum Nächsten ist Bestandteil der Liebe zu Gott.« So beschreibt es Ansgar Hörsting treffend.

Diese Ausrichtung macht den Unterschied. Im Fokus stehen Gott und der Nächste. Viele Menschen meinen, sie verlieren etwas, wenn sie sich zurückstellen und sich um das Wohl der anderen kümmern. Aber die Erfahrung zeigt, dass beim selbstlosen Verschenken in der Regel kein Verlust, sondern am Ende ein Gewinn steht. Insbesondere dann, wenn ich das Doppelgebot der Liebe beachte: »Liebe deinen Nächsten wie dich selbst« (Markus 12,31).

Ein Christ gehört in der Regel zu einer Gemeinschaft von Christen. Denn die Frauen und Männer, die mit Christus auf dem Weg sind und ihm in Liebe und Treue folgen, sind gleichzeitig auch Geschwister der besonderen Art. So eine Gemeinschaft möchte ich mit einem stützenden Korsett vergleichen, das mich hält, wenn ich haltlos bin, und mir unter die Arme greift, wenn ich es nötig habe. Blut ist dicker als Wasser – dieses Sprichwort sagt mir, dass Menschen, die miteinander verwandt sind, mehr zusammenhalten oder sich eher um schwierige Mitglieder kümmern, als dies Freunde tun. Ähnliches habe ich in christlichen Gemeinden erlebt. Ich fand bei ihnen familiäre Züge. Sie kümmerten sich besonders um Schwache und schwierige Personen, wie es sonst nur Blutsverwandte tun.

Wert der Vergebung

Eine gesunde Selbstliebe macht so stark, dass sie anderen vergeben kann. Die Einstellung, grundsätzlich bereit zur Vergebung zu sein, bildet das Fundament, auf dem eine vertrauensvolle Beziehung gebaut werden kann. Christliche Kreise sind nicht das Paradies auf Erden. Auch hier gibt es Konflikte und geschieht es, dass Menschen aneinander schuldig werden. Aber die Grundvoraussetzungen für

Vergebung und Neuanfang sind gegeben und bilden eine Basis für gelingendes Leben.

Wie erleichtert sind wir, wenn uns eine Sache vergeben wurde, die uns sehr betroffen gemacht hat. Eine Last, die sich anfühlt wie ein schwerer Stein, ist anstrengend. Sie nimmt die Lebensfreude, sie hemmt und zieht im wahrsten Sinne des Wortes nach unten.

Ich erinnere mich noch daran, als ich auf einer Familienfreizeit bei den Aidlinger Schwestern so etwas wie eine »Generalbeichte« ablegte. Alles, was mir an Schuld in meinem Leben einfiel, habe ich vor einer Seelsorgerin ausgesprochen und darüber Vergebung zugesprochen bekommen. Noch heute sehe ich mich, wie ich aus dem Zimmer ins Freie trat und wie unendlich befreit ich mich fühlte. So, als hätte ich einen schweren Rucksack getragen und ihn abgesetzt – dann wird einem die Schwere seiner Last ja noch einmal so richtig deutlich.

MANCHMAL BRAUCHT ES EINE GENERALBEICHTE ZUR FREIHEIT.

Wenn ich mit meinem Verhalten jemand geschadet habe, bewusst oder unbewusst, kann mich das innerlich belasten. Jedes Mal, wenn ich diesen Menschen sehe, schnürt es mir den Hals zu oder ich fühle mich unwohl. Wenn ich im engsten Beziehungsumfeld zerstritten bin, dann lähmt mich diese Spannung und das Leben bekommt einen Grauschleier. Wenn hier aber Vergebung reinkommt, dann ist dies spürbare Lebensqualität.

Christen wissen, dass ihnen vergeben wurde. Deshalb sollen sie bei anderen auch so handeln, selbst dann, wenn die andere Person ihr Fehlverhalten nicht einsieht. Vergeben zu können, braucht manchmal viel Zeit. Ich darf mir diese Zeit nehmen, so viel wie ich brauche.

Gott kann großzügig vergeben, weil er die Liebe selbst ist. Er konnte sich sogar so klein machen, dass er auf diese Welt passte und dann die unfassbare Tat vollbrachte, sich den Menschen auszuliefern. Weil Liebe und Gerechtigkeit untrennbare Zwillinge sind, löste er die Schuldfrage allein durch seinen ganz persönlichen Einsatz!

Jedem kann vergeben werden. Jede Schuld, die einem Menschen angetan wurde, fällt nicht unter den Tisch, weil Jesus sich darum kümmert. Der Gerechtigkeit wird Genüge getan.

Beim Evangelisten Lukas steht die Geschichte der Frau, die die Füße von Jesus salbt. *Du erinnerst dich? Die Geschichte mit dem Wow-Effekt weiter oben*... Sie hat sehr viel Schuld auf sich geladen. Am Ende steht die Aussage, dass der am dankbarsten ist, dem viel erlassen wurde.

In den Ostergärten geben wir den Menschen die Möglichkeit zu einer symbolischen Handlung. Am Anfang kann jeder einen Stein aufheben und ihn auf die Reise mitnehmen und darüber nachdenken, was an Schuld oder Belastung drückt. Am Kreuz kann dann dieser Laststein abgelegt werden. Für viele ist das der wichtigste Teil bei der Wanderung auf den Spuren von Jesus durch die Passions- und Osterzeit.

Will ich mich gesund und glücklich erhalten, dann ist Vergeben nötig. Vergebung ist eine positive Macht, sie ist die Basis für Vertrauen. Daraus erwächst auch eine stabile Gemeinschaft.

GLAUBEN MIT HUMOR UND ALLEN SINNEN

Ich bin davon überzeugt, dass Gott Humor hat. In der Bibel finde ich zwar nur wenige klare Hinweise darauf, aber wenn wir seine Ebenbilder sind, dann muss auch er Humor haben. Mal offen: Wie sollte er uns Menschen sonst aushalten?

Wie oft können wir uns über andere amüsieren, wie oft lachen wir uns mit Freunden oder in der Familie einen Ast ab. Wie viele urkomische Momente gibt es, die wir Menschen fabrizieren.

Gottes Humor in der Bibel

Zu der Art Humor, wie wir ihn heute verstehen, finden wir nichts in der Bibel, was nicht heißt, dass Gott keinen Humor hätte. Zwei Bibelstellen könnte man in die humorvolle Richtung deuten.

Die wichtigste Stelle, wie ich finde, zuerst:

Der Turmbau zu Babel. »»Auf‹, sagten sie, ›wir wollen eine Stadt errichten mit einem Turm, der bis in den Himmel reicht – ein Denkmal unserer Erhabenheit! Es wird verhindern, dass wir uns über die ganze Welt zerstreuen.‹ Der Herr aber kam aus dem Himmel herab, um sich die Stadt und den Turm anzusehen, den sie erbauten« (1. Mose 11,4-5).

Die Menschen dachten, sie wären so genial, dass sie selber den Himmel mit ihrem Bau erreichen können. Sie messen sich mit Gott. Aber Gott kommt vom Himmel herab. Echt peinlich! Der Turm ist so winzig, dass Gott vom Himmel herabkommen muss – *klingt nach einer langen Wegstrecke* –, um sich das anzusehen. Also wenn das nicht nach Humor riecht ...

Eine andere Stelle ist ähnlich. Der Prophet Bileam ist auf dem falschen Weg und will gegen Gottes Willen handeln. Er reitet auf einer Eselin. Diese erkennt einen Engel, der den Weg mit einem Schwert versperrt. Sie versucht auszuweichen. Der Prophet schlägt sie dafür, denn er sieht den Engel nicht. Dreimal versucht die Eselin auszuweichen. Beim dritten Mal lässt Gott das Tier reden. Nun kann auch der Prophet die Gefahr erkennen.

Diese spannende Geschichte kannst du im 4. Buch Mose Kapitel 22 ab Vers 22 nachlesen. Gott benutzt eine Eselin, um dem »alten Esel«, der oben draufsitzt, die Augen zu öffnen!

GOTT BENUTZT EINEN ESEL ...

Vielleicht kann man im Weinwunder von Jesus auch Gottes Humor entdecken. Bei einer Hochzeit, zu der Jesus mit seinen Begleiterinnen und Begleitern samt seiner Mutter eingeladen war, ging der Wein aus. So etwas war nicht nur oberpeinlich, sondern die Menschen sahen damals darin auch ein schlechtes Zeichen für die Ehe.

Dass Jesus auf der Hochzeit Wasser in Wein verwandelte, zeigte auf jeden Fall, wie sehr uns Gott Feste und Feiern gönnt. Der Speisemeister war ganz außer sich, als er diesen Wein probierte, denn diese Qualität kannte er nicht. Ich könnte mir vorstellen, dass das Gesicht des Speisemeisters Gott richtig gut gefallen hat.

Also ganz offen: Diesen Wein hätte ich auch gerne getrunken! Wahrscheinlich hätte ich die Augen vor Entzücken verdreht und ihn in höchsten Tönen gelobt.

Dass wir oftmals eher ein Bild von einem strengen Gott haben und uns eher ein humorloser alter Mann einfällt, ist sicherlich auch Kirchenvertretern und Künstlern der Vergangenheit geschuldet. Ich stelle bei mir fest, dass ich ab und zu meinen Glauben hinterfragen muss, ob ich noch richtig liege und Gott es ähnlich sieht wie ich. Mit welcher Einstellung lese ich die Bibel und welche Vorstellung von dem Höchsten hat sich bei mir gebildet?

Glauben mit Humor und allen Sinnen – das tut in jeder Lebenslage und in jedem Alter gut. Die Falten lieben zu können, gelingt mir jedenfalls mit dem Glauben, dem Humor und allen Sinnen leichter, egal, ob die Falten aus Schmerzen, äußerlichen Veränderungen oder Einschränkungen bestehen.

Glauben und Humor ergänzen sich

Irgendwie finde ich, dass sich in der Geschichte von dem Weinwunder, die in Johannes 2,1-11 steht, Glauben und Humor ergänzen oder zumindest zusammenpassen.

Beide erleichtern das Leben, machen es erträglich und schenken Hoffnung. Wenn Gott keine Freude daran gehabt hätte, diese Erde mit seinen Menschen zu schaffen, welchen Grund hätte es sonst haben können? Lachen, nicht alles so bierernst zu nehmen und das Leben zu genießen, wozu der Humor gehört, geben dem Leben doch erst seine Würze und seinen Sinn.

Alter, Krankheit und Tod zeigen mir, dass das Leben hier noch nicht das Ende ist. Wenn Gott die Gemeinschaft sucht, dann ist sie auf Dauer angelegt. Also für die Ewigkeit. Ob ein Mensch dann zwei

Jahre oder hundert Jahre hier auf der Erde lebt, ist dann relativ irrelevant.

Im Himmel, in Gottes unverwüstlicher neuer Welt, wird sicherlich viel gelacht. Der Grundton, den man dort sieht und spürt, ist Heiterkeit, weil all das wegfällt, was uns hier zu schaffen macht. Fehlendes Fachpersonal und Wartezeiten beim Arzt sind erledigt. Angst vor dem Verlust eines lieben Menschen, keine Option mehr. Ich denke mal, da gibt es den guten und reinen Humor im Reinformat. Falten und alles andere aus dem Altersformat sind dann ebenfalls erledigt. Höchstens noch in Erzählungen wie »Weißt du noch, … künstliche Hüften, Star-OPs, Einlagen und altersgerechtes Wohnen …?« Oder in Witzen wie: »Kennst du den noch? Kam ein altes Ehepaar in den Himmel und staunte bei der Rundführung, was es da alles gibt. Da raunzt der Mann die Frau an: Mensch Gertrud! Hättest du uns die Knoblauchpillen erspart, hätten wir das hier schon viel früher genießen können.«

Mit dem Glauben das Leben meistern

Aus Kindern müssen selbstständige Erwachsene werden, damit sie das Leben meistern können. Gott möchte aber, dass wir abhängig von ihm leben. Scheinbar ein Widerspruch, aber mit dem gleichen Ziel. Die größtmögliche Freiheit erlebe ich in der Abhängigkeit von Gott. Er schenkt den Rahmen, der mir diese Weite erlaubt. Wir Menschen brauchen

IM HIMMEL WERDEN WIR ÜBER VIELES LACHEN.

Werte und Richtlinien, nach denen wir leben können. Sie sind wie Leitplanken, die mich vor Abstürzen bewahren sollen.

Wenn alles in das Leben hier auf Erden passen muss, dann kann die Qualität des Lebens verloren gehen. Irgendwie scheint in allen Menschen, ob gläubig oder nicht, die Vorstellung zu stecken, dass Gott ein Spielverderber ist und nicht wirklich weiß, was mich glücklich machen kann und was ich dazu brauche. Aber das ist so nicht.

Gott ist der Einzige, der nicht darauf angewiesen ist, dass wir ihm etwas geben oder etwas für ihn tun. Er braucht uns nicht, um leben zu können. Gott gönnt sich den Luxus, uns Menschen zu lieben – einfach so! Liebe ist aber immer an Taten zu erkennen. Liebe bleibt nicht verborgen. So begleitet er uns, sucht die Kommunikation und bereitet die Zukunft vor, damit das Leben mit dem Tod nicht enden muss.

GOTT SCHENKT LEITPLANKEN.

Mit unglaublicher Fantasie und Kreativität hat Gott die Schöpfung geschaffen. Aber das alleine reicht ihm nicht! Sein Ziel ist die nie endende Gemeinschaft mit uns. Und diesem Meister des Lebens kann ich mein Leben anvertrauen, da ist es wunderbar aufgehoben.

Mit Humor dem Leben Flügel verleihen

Auf eine ganz andere Weise hilft der Humor auch. Wenn ich schreibe, dass er dem Leben Flügel verleiht, dann meine ich damit die Leichtigkeit, die entsteht, wenn eine schwierige Situation sich leichter anfühlt.

Der Grund für dieses Buch ist ja gerade die Schwere der Falten, die das Älterwerden mit sich bringt. Aber es wird leichter und auch lebenswerter, wenn ich manches nicht so dominant werden lasse. Der Humor bereitet dann dem Immunsystem und Glückshormonen den Weg. Wer über Dinge lachen kann, die ihm sonst zu schaffen machen, der schnallt sich Flügel um. Das muss nicht dauerhaft sein, es hilft schon ab und zu, sich in die Lüfte zu schwingen.

Wenn ich gefragt werde, wie es mir geht – und es gibt ja immer etwas, das im Alter quer liegt –, dann habe ich dafür ein paar Sprüche bereit: »Es reicht noch nicht zum Klagen.« Oder: »Die Anzahl der Knochen, die nicht wehtun, sind noch in der Überzahl.« Oder: »Ich bin ein Oldtimer, da gibt's immer was zu schrauben.« **HUMOR IST GUT FÜR DAS IMMUNSYSTEM.** Oder: »Die Alternative ist unterirdisch.« *Genau: im Grab unter der Erde. Dort könnte ich mich nicht mehr übers Alter beklagen.* Nicht nur mein Gegenüber lacht, sondern ich merke, wie ich mich selbst dabei entspanne und natürlich mitlache. Außerdem bin ich ehrlich geblieben, ohne den negativen Teil näher erwähnen zu müssen.

Gepaart mit dem lebendigen Glauben an Gott, wird das Leben in jeder Lebenslage Qualität, Sinn und Hoffnung behalten.

Lust auf einen kleinen Ausflug, welche Hilfe dabei die Sinne bieten können?

Glauben und die Sinne

Glauben und Vertrauen sind untrennbar miteinander verbunden. Wie stark die Sinne mitspielen, weiß jeder, der sich mal mit geschlossen Augen hat führen lassen. Er muss sich vollkommen auf den verlassen, der das Sehen für ihn übernimmt.

Koordinationsübungen fallen wesentlich schwerer, wenn wir sie mit geschlossenen Augen ausführen sollen. Wie wir Düfte mit Geschichten des Lebens verbinden, habe ich am Anfang beschrieben. Diese kleinen Beobachtungen zeigen mir, wie stark wir von den Sinnen abhängig sind, aber auch, wie sie unser Leben beeinflussen und oft nicht wahrgenommen werden.

Die Nase »glaubt« mit

Wenn unangenehme Düfte mich umgeben, möchte ich diesen Platz sehr schnell verlassen. Sind es aber Gerüche, die ich als angenehm empfinde, dann verbinden sich meine Erlebnisse so mit ihnen, dass ich die gleichen Glücksgefühle beim nächsten Mal wieder empfinden kann. Deshalb ist es nicht egal, wie ein Raum riecht, in dem ich beten soll. Unsere Begegnungen mit Menschen oder einer Botschaft werden auch von Düften mitbestimmt. Übrigens entfalten sich Düfte in einem warmen Raum besser als in einem kalten.

Ziehe ich mich also zurück, um mit Gott alleine zu sein, dann »glaubt die Nase mit«. Je angenehmer der Duft, umso lieber und wohler werde ich mich beim Lesen der Bibel und beim Gebet fühlen. Wie ein Vertrauensvorschuss oder etwas Heimatliches fühlt es sich an. Ich fühle mich Gott näher und kann mit allem, was mich drückt, leichter zu ihm kommen.

Die Augen lieben das Staunen

Im Urlaub staune ich jedes Jahr, wie viele Menschen Kirchen besuchen. Für jeden Geschmack ist etwas dabei. Die Augen staunen über die Höhe oder über die kunstvolle beziehungsweise schlichte Ausgestaltung. Ich liebe romanische Kirchen. Von ihnen geht eine Ruhe aus, die so einem Typen wie mir hilft, herunterzukommen. Letztere fanden wir in Bardolino am Gardasee. Bei unserem ersten Besuch hatte kurz zuvor eine Hochzeit stattgefunden. Der Hochzeitsschmuck war noch da: überwiegend Schleierkraut – eine edle und leichte Eleganz, die hervorragend zu dem Stil der Kirche passte. Da schlug mein altes Floristenherz höher. Die Augen wurden satt und unser Herz gefüllt.

Bei einer Autofahrt im Schwarzwald fuhren wir dicht an einem hohen Felsen vorbei und unmittelbar kam mir ein Vers aus Psalm 121 in den Sinn: »Ich hebe meine Augen auf zu den Bergen. Woher kommt mir Hilfe? Meine Hilfe kommt vom Herrn, der Himmel und Erde gemacht hat« (Psalm 121,1-2; LUT). Seit diesem Erlebnis ist der Psalm für mich plastisch geworden. Die hohen Berge stehen für die Größe Gottes und seine unendliche Macht. Eigentlich sind sie nichts gegen seine tatsächlichen Möglichkeiten. Aber die können wir uns nicht vorstellen, da helfen schon mal Berge.

Überhaupt hilft uns die Schöpfung zu staunen, was es da über Wasser, unter Wasser und auf Touren durch die Berge, in Wüsten und grünen Hügeln alles gibt. Eine Reise unter Wasser konnte ich nur einmal unternehmen – meine Ohren sind für die Tiefe nicht geeignet. Zwischen Fuerteventura und Lanzarote erlebte ich mein farbenprächtigstes Naturschauspiel. Ich bin so dankbar für dieses Erlebnis. Farben in einer Vielfalt und Intensität, wie ich es nie mehr gesehen habe. Seitdem weiß ich, dass einmalige Erfahrungen genügen, um ein Leben lang davon zu schwärmen.

Meine Augen leuchten beim Staunen nicht nur nach außen. Sie leuchten genauso nach innen und das Herz füllt sich mit Dank. Die Beziehung zu Gott vertieft sich und mein Leben wird reicher – dazu muss nicht erst alles okay sein. Der geschulte Blick für das Schöne hebt viele Mühen mit den Falten wieder auf.

Die Ohren als Tore für Balsam

Musik fällt mir als Erstes ein, wenn ich über Balsam für die Ohren schreibe.

Ein Klangteppich unter ein Gebet gelegt, kann helfen, es intensiver mitzubeten.

Im CVJM Hochstetten liebe ich die guten Drummer. Ich liebe Rhythmen und habe an mir beobachtet, dass gerade ein gut gespieltes Schlagzeug mein Herz erreicht. Die Botschaft des Liedes berührt mich dann intensiver. Für mich spiele ich zu Hause deshalb verschiedene Schlag- und Rhythmusinstrumente zu Musik aus der Anlage.

Seit einiger Zeit setze ich Musik bei mir gezielt ein. Die Streamingdienste mit ihren Suchfunktionen für alle Stimmungen sind da sehr hilfreich. Musik überdeckt auch störende Geräusche. Ob beim Beten und Bibellesen oder beim Autofahren. Wenn ich beim Fahren beten will, dann geht das nur, wenn ich das Radio ausschalte oder passende ruhige Musik höre. *Keine Sorge – die Augen schließe ich dabei nicht und auch die Hände werden nicht gefaltet. Also lies entspannt weiter…*

Balsam für die Ohren sind viele Naturgeräusche.

Eine Nachtigall verzaubert mit ihren wunderschönen Melodien nicht nur den späten Abend. Was mich zu der Annahme verleitet, dass Gott sehr musikalisch sein muss – bei der enormen Vielfalt von Stimmen! Ich freue mich über das Konzert von Rotkehlchen, Mönchgrasmücken, Amseln oder Singdrosseln. Ganz überrascht war ich, als ich den stimmgewaltigen Zaunkönig zum ersten Mal bewusst singen hörte. Er ist so winzig, aber verfügt über einen unglaublich lauten Gesang.

Seitdem ich mich mit Vögeln intensiver beschäftige, ist das Gezwitscher keine Klangkulisse mehr für mich, sondern ich erlebe mich stärker als einen Teil der Schöpfung. Als die Amseln, bedingt durch eine Seuche, eine Zeit lang rar waren und ihr Gesang ausblieb, litt ich richtig stark darunter. Mir fehlte der Balsam am Ohr. Morgens und abends, wenn die Amseln normalerweise sehr aktiv sind, fehlte mir dieser so lieb gewonnene Musikbeitrag.

Ein anderer wertvoller Balsam für die Ohren sind liebevolle, wertschätzende Worte, die uns gesagt oder zugeflüstert werden. Als meine Enkel zum ersten Mal »Opi« riefen, war das so ein großer Moment. Von unserer Lütten bekam ich sogar eine Sprachnachricht, als sie zum ersten Mal »Opi« sagte – daraus habe ich mir direkt einen Klingelton fürs Smartphone gemacht.

Anderen Menschen Balsam in die Ohren zu legen, ist nicht schwer. Mit ein bisschen Übung kann jeder von uns Wohltuendes an die Ohren anderer bringen. Danke zu sagen, auch für Kleinigkeiten, das ist doch nicht schwer. Oder, wo **BALSAM FÜR DIE OHREN VERSCHENKEN – SCHAFFT JEDER.** es passt, ein ehrliches Kompliment zurücklassen. Wie schön ist es, wenn durch ein liebes Wort ein Lächeln hervorgezaubert wird und offensichtlich ist, dass gerade jemand positiv berührt wurde.

Vor vielen Jahren hörte ich im Radio, Psychologie sei Heilen mit Worten. Diese Erkenntnis hat mich beflügelt, mehr mit den Worten Gutes zu tun. Theoretisch war mir das zwar klar, aber die neue Erinnerung daran wirkte wie ein Verstärker.

Biblische Worte laut ausgesprochen, können viel bewirken, wenn sich die Sätze in die Seele eines anderen Menschen einschmiegen. »Ich habe dich schon immer geliebt. Deshalb habe ich dir meine Zuneigung so lange bewahrt« (Jeremia 31,3) ist so ein Satz – so ein Zuspruch. Für das Alter lesen wir Jesaja 46,4: »Ich will euer ganzes Leben lang euer Gott sein – ich werde euch tragen, bis euer Haar vom Alter ergraut. Ich habe es getan und ich werde euch weiterhin tragen.« Die Zusage seiner Treue hilft mir, wenn ich unsicher werde, ob Gott mich noch liebt.

Geburtstage sind gute Gelegenheiten, andere mit einem Zuspruch aus der Bibel zu ermutigen. Biblische Worte sind deshalb kraftvoll, weil die denkbar stärkste Kraft dahintersteht. Gott kann sie nutzen, um eine Person aufzurichten, zu trösten oder zu heilen.

Der Geschmack für tiefes Genießen

In der Regel faste ich zweimal im Jahr und jedes Mal wird mir bewusst, wie wichtig leckeres Essen für mich ist. Der schönste Moment beim Fasten ist das Fastenbrechen, der langsame Wiedereinstieg für die Nahrungsaufnahme. Als Allererstes darf ich einen vollreifen oder gedünsteten Apfel essen. Ahhh … und dann rinnt der süße Saft an allen Geschmacksknospen vorbei und eröffnet ein Feuerwerk der Sinne im Mund.

Nach dem Fasten esse ich langsamer und habe dabei einen intensiveren Genuss.

Egal, welchen Bereich der Sinne ich mir näher anschaue, ich erlebe eine Fülle und Vielfalt, die mir den Atem verschlägt.

Nicht aus Zufall hat Jesus das Abendmahl eingesetzt, weil die Ereignisse für uns Menschen schwer zu fassen sind. Aber Brot und Wein beziehungsweise Traubensaft machen deutlich: So wie jetzt die Lebensmittel in deinem Körper zu Haut- und anderen Zellen werden, so will ich – Jesus – in und mit dir verbunden sein und in dir aufgehen. Untrennbar

JESUS WUSSTE UM DIE KRAFT DES ABENDMAHLS.

will er mit dir verbunden sein – näher geht nicht. Nach dem Abendmahl stehe oder sitze ich schweigend eine Zeit lang da. Genieße das Wissen: Er hat wirklich alles gegeben, weil er mich liebt.

Liebe geht durch den Magen, auch deshalb schenkt sich Jesus uns im Abendmahl.

Liebe ist Tat. Liebe kann ich erkennen. Liebe drängt mich, etwas für den zu tun, den ich liebe. Gott gönnt uns eine unerschöpfliche

Vielfalt an Nahrungsmitteln. Für jeden Geschmack ist was dabei. Wenn ich ihm dafür danke, dann ist das Empfinden von Glück noch stärker. Weil ich den Geber kenne, der Wachstum und Gedeihen schenkt, und Menschen, die die Fähigkeit haben, Gutes und Leckeres herzustellen.

Fühlen – ich bin nicht allein

In allen Sinnenprojekten soll das Fühlen vorkommen, weil wir möglichst alle Sinne mit einbeziehen wollen.

Beim Ostergarten haben die Besucher zwei Möglichkeiten, am Anfang etwas auf die Reise mitzunehmen. Zum einen ist das ein Stein, der für Lasten in unserem Leben steht. Während der ersten zwei Drittel der Zeit spürt das Kind oder der Erwachsene diesen Stein in der Hand, und das, was ihn oder sie bedrückt, kann dann mit ihm am Kreuz symbolisch abgelegt werden. Immer wieder wurden ganz schwere Erfahrungen und Nöte bewusst dort hingebracht. Wir wissen von Frauen, die gerade wegen dieser interaktiven Möglichkeit kamen. Ob Vergewaltigung oder der nicht überwundene Schmerz über den frühen Tod des Vaters oder heftige Ängste im Zusammenleben mit dem Stiefvater – große und kleine Sorgen fanden ihren Platz am Kreuz. Symbolische Handlungen und das Vertrauen in Gott können Heilung oder Kraft schenken, damit leben zu können.

DIE KRAFT VON HANDFESTEN SYMBOLEN.

Eine andere Möglichkeit ergibt sich dann, wenn ein Ostergartenstandort dort, wo die Zeitreise beginnt, ein Gefängnis aufbauen kann. Dadurch kann die Unterdrückung der Römer nachempfunden werden. Aus diesem Gefängnis nimmt der Zeitreisende eine Kette mit. Der Gedanke dahinter ist ähnlich. Was nimmt mich gefangen? Von was komme ich nicht los? Welche Umstände lähmen mich wie eine Kette, die mich bindet?

Eine Jugendliche litt an einer Krankheit, die sie in vielen Bereichen des Lebens an die Kette legte. Ihr Vater erzählte mir nach der Führung, er habe den Eindruck, dass diese Kette, die man am Kreuz ablegen konnte, ihr geholfen hat, loszulassen.

Im Auferstehungsbereich des Ostergartens wird zum Schluss getanzt – als Ausdruck der Befreiung und Freude darüber. Ein Gemeinschaftserlebnis, das das Gefühl vermittelt: Ich bin nicht alleine, es gibt Menschen, die mich lieben, und es gibt Gott, der mich sieht und bei mir ist.

Wenn ich im Sommer im Baggersee schwimmen gehe, halte ich manchmal inne, schwimme nicht, schwebe nur. Ich lasse mich tragen von dem Wasser, das mich umgibt. So empfinde ich etwas, was ich nicht sehen kann. Die unsichtbare Hand Gottes. Bei »Menschen begegnen Jesus« können die Besucher und Besucherinnen nach der Szene mit der Sturmstillung durch Jesus eine kleine flache Figur in eine übergroße Hand, die für die Hand Gottes steht, legen – stellvertretend für sich selbst.

In einer kleinen Privatführung in einer Mittagspause konnten unsere Mitarbeiter einen Gänsehautmoment erleben. Eine kleine Ordensfrau kniete sich zu der Hand und legte sich mit Kopf und Händen in die Gotteshand. Sich so geborgen zu fühlen, ist Lebensqualität der Extraklasse.

Das Leben zeigt mir immer wieder, dass ich mir alleine oft nicht helfen kann und auch kein anderer Mensch dazu in der Lage ist. Aber ich bin nicht allein, nicht ohne Hoffnung. Ich muss nicht verbittern. Es tut gut, wenn ich dann etwas spüren darf von der unsichtbaren, der anderen Wirklichkeit.

Wie wäre es? Hättest du Lust, mit mir mal auf Entdeckungsreise zu gehen, was dir guttun würde, zu fühlen oder zu spüren? Dann komm gedanklich mit:

Es gibt in der Nähe von Karlsruhe eine Waldwelt. Anregungen und Entdeckungen für Kinder, aber auch für Erwachsene. Hängematten laden ein, durch die Baumkronen hindurch auf den Himmel zu schauen. Das geht genauso gut mit einer Picknickdenke auf einem Waldboden oder auf einer Wiese.

Wenn wir an einer Quelle im Wald oder in den Bergen vorbeikommen, dann freue ich mich über das saubere, kühle Wasser, das frisch aus dem Felsen quillt. Gott versorgt.

An der See kann ich es nicht erwarten, bis der nächste Surfer an seinem Gleitschirm aus dem Wasser fliegt und sekundenlang in der Luft schwebt.

Getragen vom Gleitschirm von einem Berg springen und langsam zum Boden gleiten. Gut, nicht für jeden ein Genuss. Für meine Annette wäre das nichts. Vielleicht probiere ich's mal. Am besten, wenn meine Frau es nicht weiß. Es geht auch gemütlich auf einer Luftmatratze – dieses Gefühl: Ich bin getragen und gehalten. **ICH BIN GETRAGEN UND GEHALTEN.** *Na, hast du noch weitere Ideen bekommen?*

Die Hand auf der Schulter eines Freundes oder einer Freundin kann ebenso einen starken Effekt haben. Jesus war von Jüngern und Jüngerinnen umgeben. Ein Leben ohne Menschen, die für mich beten? Ohne, dass ich auch korrigiert oder auf Mutmachendes hingewiesen werde? Nein, danke!

Nach Gottesdiensten gibt es in vielen Kirchen und Gemeinden das Angebot, sich segnen oder für sich beten zu lassen. Wenn man es möchte, legen die Mitarbeitenden dabei ihre Hände auf die Schulter.

Ich mag eine weiche dicke Decke oder einen kuschligen dicken Mantel um die Schulter. Ich mag das Gefühl, umhüllt zu sein. Dabei stelle ich mir vor, wie Gott mich umgibt.

Es gibt Zeiten, da muss ich mich erst wieder selbst spüren, bevor ich mich auf Gott einlassen kann. Ich bin dann nicht geerdet. Helfen tut mir das Barfußlaufen, im Sand, auf einem weichen Waldboden oder auf einem Flecken mit dickem Plattenmoos. Ein tolles Gefühl überkommt mich, wenn ich mich in den warmen Sand einer Düne lege oder umgekehrt in weichen Schnee. Die Beine im Wasser baumeln lassen, einfach so, herrlich.

Ich spüre mich, ich nehme mich wahr und dann bin ich auch wieder offen für Gott.

Glauben praktisch gestalten

Weil wir Menschen so unterschiedlich sind, braucht jeder seinen speziellen Zugang zum Glauben.

Ein paar Möglichkeiten möchte ich dir vorstellen.

Zeiten mit Gott gestalten

Wie an verschiedenen Stellen schon unverkennbar deutlich geworden ist, liebe ich die Abwechslung. Die macht vor meinem Glaubensleben keinen Bogen. Eine Konstante ist das Anzünden einer Kerze als Zeichen, dass ich mich jetzt nach Gott ausrichten will. Jesu hat von sich gesagt: »Ich bin das Licht der Welt. Wer mir nachfolgt, braucht nicht im Dunkeln umherzuirren, denn er wird das Licht haben, das zum Leben führt« (Johannes 8,12). Für mich bedeutet das: Was auch immer heute ansteht oder mich beschäftigt, ich bin nicht allein damit. Meine Gebete werden gehört. Diese schlichte Symbolik am Anfang meiner Zeit mit Gott hat eine große Tiefe. Die Kerze ist wie das Vorzeichen vor der Klammer. Es bestimmt die Ergebnisse in der Klammer.

Ein kurzes Gebet kommt meist danach: »Herr, ich danke dir, dass du da bist.« Oder: »Danke, dass du Zeit für mich hast.« Oder ich kann mit dem Vaterunser starten. Wenn es nicht nur heruntergeleiert, sondern ganz bewusst gebetet wird, dann ist es unendlich kostbar und an Tiefe nicht zu überbieten, weil alles Wesentliche darin enthalten ist. Die Vollkommenheit kommt nicht von ungefähr, schließlich hat Jesus dieses Gebet seine Nachfolger gelehrt.

Seit zwei Jahren – und ich habe nicht vor, demnächst damit aufzuhören – lese ich täglich in einem kleinen, nur DIN A6 großen Büchlein, und dann auch nur einen winzigen Abschnitt, eine sogenannte Station. Weiter oben habe ich bereits daraus zitiert. Es heißt: »Leben heißt unterwegs sein« von Ansgar Hörsting. Jeder Tag steht unter einem bestimmten Thema: Mutig, Staunen, Ohnmächtig, Danken, Training, Freude ... alle Bereiche, die das Leben ausmachen, kommen vor. Es reicht für zwei Monate und ich beginne dann wieder von vorne. Der Gewinn liegt darin, dass ich damit neue Gewohnheiten trainieren und Einstellungen ändern kann. Die Wiederholungen erinnern mich an Aussagen aus dem Buch oder meine Kommentare, oder mir fallen beim Lesen neue, ergänzende Texte auf.

In einem Jahr hatte ich dazu noch ein Andachtsbuch zum Thema Gebet in Gebrauch, das täglich Aussagen von Luther über das Gebet behandelte. Die Kernaussagen habe ich in einem »geistlichen Tagebuch« festgehalten. Kaum ein Buch über Gebet ging so in die

Breite und Tiefe wie dieses mit dem Titel »Aus der Tiefe rufe ich, Herr, zu dir«.

Sehr viele kreative Anregungen enthält ein anderes kleines Büchlein zum Gebet: »Gebet schlicht + ergreifend« von Kerstin Hack. Es ist reich an praktischen Ideen, da ist wirklich für jeden was dabei.

Ein andermal habe ich in einem Jahr mit einem Andachtsbuch von Timothy Keller gearbeitet. Sein Fokus liegt auf den Psalmen. Am Ende jeder Andacht macht er einen Vorschlag für ein Gebet, das den Inhalt der Andacht aufgreift.[27]

In regelmäßigen Abständen lese ich die Bibel in Abschnitten – es gibt hier sehr viele gute Vorlagen – in einem Jahr ganz durch. Ein besonderes Erlebnis, weil es mir viele Textstellen im Zusammenhang aufzeigt, vergleichbar einem Ausblick aus dem Flugzeug zur Erde. Die Zusammenhänge werden so sichtbar. Luther las im Übrigen die Bibel jedes Jahr mindestens einmal durch.

Das genaue Gegenteil dazu ist das Lesen der sogenannten Losungen. Es ist ein kleines Büchlein der Herrnhuter Brüdergemeinde, die für jeden Tag eines Jahres ein Bibelwort ziehen, einen weiteren passenden Bibelvers dazustellen und mit einer Liedstrophe, einem Gedicht oder einer Aussage ergänzen. Anhand einer täglichen fortlaufenden Bibellese kann man in vier Jahren das Neue Testament und in acht Jahren wesentliche Teile des Alten Testaments kennenlernen.

Es ist erstaunlich, wie einzelne Bibelstellen hin und wieder vollkommen in die jeweilige Situation passen.

Du siehst an meiner kleinen Beispielsammlung, dass es eine Menge Möglichkeiten gibt, die Zeit mit Gott zu gestalten.

Am Ende meiner Audienz, wie ich die Zeit mit Gott nenne, steht die Fürbitte für andere. Für diejenigen, die mir sehr nahestehen, wie meine Familie, Freunde und Bekannte, aber auch Menschen, die ich gar nicht persönlich kenne, die mir Gott aber aufs Herz gelegt hat. So habe ich 2017 von einem damals 15-jährigen Mädchen gehört, das bei einem Unfall in unserer Nähe ihre ganze Familie verloren hat. Seit dieser Zeit bete ich einmal die Woche für sie, dass sie dieses furchtbare Erlebnis gut verkraftet.

Auch für eine Frau aus Trier, der bei einer Amokfahrt Mann und Baby genommen wurde, bete ich. Sie selbst und eine Tochter wurden dabei schwer verletzt. Ich kenne sie nicht direkt, aber auch an diese Frau und ihre Tochter denke ich jede Woche.

Wie bereits in einem anderen Zusammenhang erwähnt, frage ich Einzelne auch, an welchem Wochentag ich für sie beten soll. Denn manchen tut es einfach gut, wenn sie wissen, dass für sie regelmäßig gebetet wird.

Das Gebet ist wichtig und ich erlebe Gebetserhörungen: Umstände ändern sich, Menschen werden geheilt, verfeindete Parteien versöhnen sich.

Und nicht zu vergessen: Ich erinnere Gott auch daran, dass er mich im Alter tragen will.

Gott weiß um die Beschwernisse im Alter und gibt mir gerne eine Extraportion Zuspruch, wenn mir meine Falten, ganz gleich welcher Art, besonders zusetzen. Er kennt Ort und Stunde meines Endes. Ich bin auch dann in seiner Hand – dieses Wissen gibt meinem Leben Stabilität. Außerdem habe ich die Hoffnung auf das ewige Leben in Gottes neuer Welt. Wenn wir hier schon staunen über das Handeln Gottes, wie erst dann im Himmel?

Rückzug in ein Kloster – mit drei Tagen zwei Wochen Erholung

Klar, hier bin ich ein bisschen reißerisch mit der Überschrift, aber ein wahrer Kern ist natürlich dabei. Vor allem Tage des Schweigens haben einen enormen Erholungswert – nach innen und außen. Wenn ich innerlich aufgeräumt bin, Fragen geklärt wurden und ich zu mir und zu Gott gefunden habe, dann spüre ich, wie ich mich entspanne und der ganze Körper in einen friedlichen Modus wechselt.

Der Friede, den Gott schenkt, ist wohltuend, deshalb können tatsächlich wenige Tage für eine gute Erholung ausreichen. Die Seele und der Körper sind eine Einheit. Die Konzentration wird auf das Wesentliche gelenkt – kein Stress mit Handtüchern am Pool oder Büfett, keine Schlangen am Abflugschalter. Die Räume sind bewusst einfach und schlicht gehalten. Ich nutze die Zeit für Spaziergänge, weil ich in Bewegung am besten denken kann.

Die Klöster haben bewusst Kreuzgänge geschaffen. Konzentration auf das Wesentliche gedeiht in Bewegung leichter. Der Kopf kommt eher zu Ruhe, weil der Körper im Gehen eine leichte Aktivität hat.

Bei solchen Einkehrtagen schreibe ich viel auf und habe eine ganze Reihe von Büchern dabei. Natürlich eine Bibel, aber auch Bücher zu den Themen, die mich gerade beschäftigen. Mein rotes »geistliches« Notizbuch ist meine Schatzkammer. In dieses besondere Buch kommen nur Gedanken, Bibelverse oder Ergebnisse und Anregungen von Menschen hinein, die mir sehr wichtig sind oder mir schon einmal weitergeholfen haben.

KONZENTRATION AUF DAS WESENTLICHE GEDEIHT IN BEWEGUNG LEICHTER.

Dann habe ich noch ein »Wildbuch«. Mir hilft es, ab und zu aufs Geradewohl alles kreuz und quer aufzuschreiben, was mir gerade einfällt. Ich schreibe auf, was mich beschäftigt, was mich freut oder mich traurig stimmt. Beim Schreiben merke ich, dass da noch andere Punkte sind als die, die mir zunächst in Gedanken kamen. Zum Schluss habe ich es schwarz auf weiß vor mir liegen, was mich im Innersten bewegt.

In der Zeit der Einkehr ist es auch möglich, an Gebetstreffen und Gottesdiensten teilzunehmen oder das Angebot zu Einzelgesprächen zu nutzen.

Liebe in Aktion – schafft Freude und erdet den Glauben

Gott liebt seine Menschen. Die Liebe, die wir zu Gott haben, zeigt sich meist in der tätigen Liebe den Menschen gegenüber.

Verschenken macht reicher und nicht ärmer. Egal, ob wir Zeit oder Geld investieren – wir gewinnen mit dem Einsatz, wenn wir nicht erwarten, dass er gewürdigt wird oder in anderer Form zurückkommt.

ES MACHT GLÜCKLICH, WENN ICH ANDEREN ETWAS GUTES TUN KANN.

Wer es für sich selbst macht, der wird enttäuscht, weil es keine Garantie für Dankbarkeit gibt.

Wir werden weniger über unsere Falten, Flecken und gesundheitlichen Einschränkungen nachdenken, wenn wir beschäftigt, ausgefüllt und mit anderen und für andere unterwegs sind.

Mein Augenmerk setze ich auf das, was gut geht, was mir guttut, was ich an mir mag.

UND? WAS HAT MEIN AUSZUG MIT DEN FALTEN MIR GEBRACHT?

Hast du hier begonnen das Buch zu lesen?

Es sei dir verziehen.

Die Veränderungen beim Älterwerden geschehen manchmal so schnell wie in der Kindheit. Nur andersherum. Ein Kind kann plötzlich mehr und ein Älterer auf einmal weniger – das ist leider so.

Ist das wirklich so? Auf meiner Reise mit den Falten habe ich gemerkt, dass nicht alles, was auf den ersten Blick als Verlust erscheint, auch zwangsläufig einer ist. Es kommt auf meine Bewertung an.

Also, dass ich meine Falten und alles, was dafür steht – der körperliche Abbau insgesamt, gesundheitliche Probleme, kürzere Wege und Verluste von lieben Menschen – jetzt liebe, das kann ich so nicht sagen. Das Älterwerden ist für mich keine leichte Aufgabe, aber wie ich damit umgehe, birgt ein großes Potenzial! Ich habe so viele Gestaltungsmöglichkeiten. Das ist mir beim Schreiben bewusst geworden.

Durch die Beschäftigung mit dem Älterwerden stehen am Ende meiner Reise für mich die Vorteile eindeutig im Vordergrund. Meine Perspektive hat sich geändert.

Beim Schreiben wurde mein Leben bunter, wie die Farben meines Schirmes. Ich habe das Gefühl, und das war mein Ziel, mit dem Älterwerden besser zurechtkommen zu können.

Die neuen Chancen, die größeren Freiheiten, die durchaus berechtigten Aussichten, trotz Einschränkungen ein glücklicheres Leben zu führen, versöhnen mich mit manchen negativen Begleiterscheinungen.

Ja, es stimmt: Der Humor und der Glaube mildern die Faltenwürfe des Lebens.

Ja, das Leben kann neue Flügel bekommen.

Ja, es lohnt sich, die ganze Fülle des Lebens mit allen Sinnen zu genießen.

Ich hoffe, du hattest eine gute Zeit mit mir und meinem Buch. Es würde mich freuen, wenn du ein paar gute und hilfreiche Gedanken darin für dich entdecken konntest.

Ich wünsche dir, dass Gott dich segnet – mit tiefem Frieden, der dein Leben reich macht.

Gib nie auf. Suche die kleinen Geschenke im Alltäglichen und versuche in jeder Lage etwas zu finden, wofür du dankbar sein kannst. Lache über dich selbst und höre nie auf, neue Kontakte zu knüpfen.

Du brauchst nicht jede Falte zu lieben, aber keine soll dich bestimmen. Stärke deine Sinne mit den vielen schönen Eindrücken, die es gibt, und nimm so viel wie möglich mit Humor.

Dein Buchfreund

PS: Wenn du mir irgendwo begegnest, sprich mich ruhig an und erzähle mir von »unserer« Zeit auf der Couch. Ach ja, was gab's denn zu knabbern?

DANK

Ich danke dem SCM Verlag und allen Verantwortlichen, dass sie das Experiment mit mir gewagt haben. Anna Müller, Johanna Ehrlich und Cordula Orth verdanke ich die Korrektur und viele gute Anregungen für das Schreiben an sich und für das Buch im Besonderen.

Danke allen, die mir in der Schreibphase Anregungen gegeben und Mut gemacht haben.

Danke an alle, die dieses Buch gekauft oder verschenkt haben. Dieser Vertrauensbeweis tut gut!

ANMERKUNGEN

Bücher, die ich auch gelesen habe, gut fand, aber nicht zitiert habe:

Christoph Morgner (2. Aufl. 2017), *Wer gerne lacht, bleibt länger jung*. Neukirchen: Neukirchener Verlag.

Claudia Schindler-Herrmann (2000), *Düfte und Salben der Bibel*. Schopfheim: Barbara Franke-Caspari Selbstverlag.

Dag Sebastian Ahlander (2015), *Das Leben ist vor dem 12. und nach dem 65. Lebensjahr am besten*. Gerlingen: Busse Seewald Verlag.

Carl Honoré (2010), *Faltenstolz*. Weinheim, Basel: Beltz.

Rolf Scheffbuch (2007), *Würdig und vorbereitet*. Gießen: Brunnen.

Martin Luther (16. Aufl. 2016), *Aus der Tiefe rufe ich, Herr, zu dir*. Bielefeld: Christliche Literaturverbreitung.

ENDNOTEN

1 https://debeste.de/18 541/Jetzt-ist-es-eh-zu-sp-t,-um-jung-zu-sterben
2 https://www.sinnenpark.de
3 Sven Kuntze (2011), *Altern wie ein Gentleman*. München: btb, S. 98
4 https://www.50plus.at/alter/alter-who-einteilung.htm
5 https://www.gesundmalvier.de
6 Dr. med. Eckart von Hirschhausen und Prof. Dr. med. Tobias Esch (2018), *Die bessere Hälfte*. Hamburg: Rowohlt, S. 93
7 Dr. med. Eckart von Hirschhausen und Prof. Dr. med. Tobias Esch (2018), *Die bessere Hälfte*. Hamburg: Rowohlt, S. 94
8 Ruth Heil (2015), *Grußheft zum Geburtstag*. Wesel: Kawohl, S. 1
9 Ansgar Hörsting (2. Aufl. 2013), *Leben heißt unterwegs sein*. Witten: SCM R.Brockhaus, S. 147
10 Ansgar Hörsting (2. Aufl. 2013), *Leben heißt unterwegs sein*. Witten: SCM R.Brockhaus, S. 147
11 Rolf Dieter Hirsch (2019), *Das Humorbuch*. Stuttgart: Schattauer, S. 64
12 https://de.wikipedia.org/wiki/Humor, Bearbeitungsstand: 13. November 2022 um 06:09 Uhr
13 Ansgar Hörsting (2. Aufl. 2013), *Leben heißt unterwegs sein*. Witten: SCM R.Brockhaus, S. 60
14 Christoph Morgner (2020), *Weise und gelassen älter werden*. Gießen: Brunnen, S. 47
15 https://de.wikipedia.org/wiki/Neugier, Bearbeitungsstand: 1. März 2022 um 11:48 Uhr
16 Handwerkspräsident Otto Kentzler, in: Hannoversche Allgemeine Zeitung vom 5.5.2012
17 Christian A. Schwarz (1995), *Anleitung für einen christlichen Lebenskünstler*. Emmelsbüll: C & P/Rothrist: Koinonia, S. 40
18 Gerhard Sprakties (2019), *Happy-Aging statt Anti-Aging*. Berlin: Springer, S. 145
19 Martin Luther, Tischreden, https://www.evangeliums.net/zitate/zitat_15859.html
20 https://de.wikipedia.org/wiki/Seele, Bearbeitungsstand: 17. November, 20:44 Uhr
21 Barmer-Mitgliedermagazin 01/2022, *Das Glück des Aha-Effekts*, S. 25

22 André Gide, *Tagebuch 1889–1939*, in: An jedem neuen Tag I, München: Deutsche Verlagsanstalt, S. 26

23 https://www.aphorismen.de/zitat/162753

24 https://gutezitate.com/zitat/161101

25 https://www.samuel-koch.com

26 https://Palverlag.de/ruhestand-rente.html

27 Timothy Keller (2021), *Ein Jahr mit den Psalmen*. Gießen: Brunnen-Verlag

Wolfgang Kraska

Erfüllt älter werden an Gottes Seite

Wolfgang Kraska gibt auf sehr persönliche Weise Einblicke in seine eigenen Erfahrungen mit den reiferen Jahren und thematisiert die ganz praktische Gestaltung des Alters genauso wie die geistliche Seite.
Ein Buch, mit dem das Älterwerden und Ältersein leicht fällt.

Klappenbroschur, 13,5 × 21,5 cm, 224 Seiten
Nr. 396.067, ISBN 978-3-7751-6067-4
Auch als E-Book

SCM
Hänssler

Geschichten zum Schmunzeln

„Wer im Leben nicht alles todernst nimmt und über sich selbst schmunzeln kann, wird die lockeren Häppchen mit Genuss zu sich nehmen. Ganz nebenbei wird er zu mancher grundlegenden Lebensfrage geführt.“

Leserstimme

Alterstypische Pleiten, Pech und Pannen im Haushalt, Urlaub, Garten und Ehrenamt, in der Ehe und der Kirche.

Der Nachfolgeband zum Bestseller *„Jede Falte hart erlacht“* mit neuen intelligent selbstironisch erzählten Episoden aus dem realsatirischen Alltag des sympathischen – natürlich völlig untypischen – Ehepaars Roswitha und Wolf-Rüdiger.

 GerthMedien
Andreas Malessa • Retro sind wir einfach cooler
Gebunden • 112 Seiten • ISBN 978-3-95734-895-1